# DOMINAR EL ARTE DE LA REVISIÓN CONTRACTUAL

Guía Práctica para Asegurar tus Acuerdos Comerciales

Natacha Shama

# CONTENIDO

| | |
|---|---|
| Página del título | |
| Introducción | 1 |
| Capítulo 1: Los Fundamentos de los Contratos Comerciales | 3 |
| Capítulo 2: El Análisis de las Cláusulas Contractuales | 20 |
| Capítulo 3: Metodología de Revisión Contractual | 39 |
| Capítulo 4: Fallas Comunes y Cómo Corregirlas | 55 |
| Capítulo 5: La Negociación Contractual | 70 |
| Capítulo 6: La Formalización y el Seguimiento de los Contratos | 94 |
| Conclusión | 120 |

# INTRODUCCIÓN

En un mundo donde las transacciones comerciales son omnipresentes, la capacidad de leer, comprender y revisar un contrato comercial se ha convertido en una habilidad indispensable. Ya sea que seas un emprendedor, un profesional del derecho, un comprador o simplemente una persona interesada en asegurar sus transacciones, saber identificar y corregir las fallas de un contrato es una aptitud valiosa.

Los contratos comerciales constituyen la columna vertebral de las relaciones comerciales. Regulan las obligaciones de las partes, definen las condiciones para la prestación de bienes y servicios, y proporcionan un marco para la resolución de conflictos. Desafortunadamente, a menudo están redactados en un lenguaje jurídico complejo y denso, susceptible de contener trampas o fallos que pueden tener consecuencias desastrosas.

El objetivo de este libro es desmitificar este proceso. Aprenderás no solo a leer y comprender los contratos comerciales, sino también a identificar y corregir los errores o las cláusulas mal redactadas. Cada capítulo te guiará a través de principios fundamentales, metodologías prácticas y ejemplos concretos para que te vuelvas competente en el arte de la revisión contractual.

Este libro está diseñado para ser accesible a todos. No necesitas tener una formación jurídica para seguir y aplicar los consejos que contiene. Los conceptos se explican de manera clara y los numerosos ejemplos y ejercicios prácticos te permitirán poner en práctica tus nuevas habilidades de inmediato.

Al invertir el tiempo necesario para dominar el arte de la revisión contractual, no solo ganarás en seguridad jurídica, sino también en confianza durante tus negociaciones comerciales. Serás capaz de anticipar y evitar litigios, negociar términos más favorables y proteger tus intereses de manera más eficaz.

Preparémonos para sumergirnos en el universo de los contratos comerciales, descubrir sus engranajes y aprender cómo utilizarlos a nuestro favor. El viaje hacia una mejor comprensión de los contratos comienza aquí.

# CAPÍTULO 1: LOS FUNDAMENTOS DE LOS CONTRATOS COMERCIALES

## 1.1 Definición de un contrato comercial

Un contrato comercial es un acuerdo formal entre dos o más partes que se comprometen a cumplir obligaciones y derechos recíprocos en materia comercial. El objetivo principal de este tipo de contrato es formalizar una relación comercial, ya sea la venta de bienes, la prestación de servicios, o una colaboración estratégica. Los contratos comerciales se utilizan para asegurar las transacciones y definir claramente las expectativas de cada parte.

Estos documentos contractuales deben ser redactados de manera precisa y detallada para evitar cualquier ambigüedad que pueda llevar a malentendidos o litigios. La redacción de un contrato comercial debe incluir los siguientes elementos clave:

- **Las partes contratantes**: Identificación de las entidades o individuos involucrados, sus datos de contacto y su estatus jurídico.
- **El objeto del contrato**: Descripción clara y detallada de los bienes o servicios cubiertos por el acuerdo.
- **Las obligaciones de las partes**: Definición de las responsabilidades específicas de cada parte, incluyendo las modalidades de entrega, los estándares de calidad, y las condiciones de pago.
- **La duración del contrato**: Período durante el cual el acuerdo es válido, incluyendo las fechas de inicio y finalización, así como las condiciones de renovación o rescisión.
- **Las condiciones financieras**: Detalles relativos a los precios, las modalidades de pago, los posibles costos adicionales y los plazos de pago.

Un buen contrato comercial también debe prever mecanismos de gestión de riesgos, como seguros, garantías y la gestión de reclamaciones. Debe incluir cláusulas de resolución de litigios que expliquen cómo se tratarán los conflictos, ya sea mediante mediación, arbitraje o recurso judicial.

Para que un contrato comercial sea válido, debe cumplir con ciertas condiciones legales. En primer lugar, las partes deben tener la capacidad legal para contratar, es decir, deben tener la capacidad jurídica para entender y comprometerse con los términos del acuerdo. Además, el contenido del contrato debe ser lícito y conforme a las regulaciones vigentes.

En conclusión, un contrato comercial bien redactado es una herramienta esencial para establecer relaciones comerciales sólidas y duraderas. Protege los intereses de las partes al proporcionar un marco jurídico claro y preciso para sus interacciones comerciales.

## 1.2 Tipos de contratos comerciales

Los contratos comerciales se presentan en una multitud de formas, según las necesidades específicas de las partes y la naturaleza de las transacciones que regulan. Comprender los diferentes tipos de contratos comerciales es esencial para elegir el documento más adecuado para cada situación comercial. A continuación, se presenta un panorama de los principales tipos de contratos comerciales:

**Contrato de Venta**

El contrato de venta es uno de los tipos más comunes de contratos comerciales. Regula la venta de bienes entre un vendedor y un comprador. Este tipo de contrato especifica los detalles de los bienes vendidos, el precio acordado, las condiciones de entrega, así como las obligaciones de cada parte en cuanto al traspaso de la propiedad y el pago.

**Contrato de Prestación de Servicios**

Este contrato formaliza el acuerdo entre un prestador de servicios y su cliente. Define la naturaleza de los servicios a prestar, los plazos de ejecución, los estándares de calidad esperados, y las condiciones de remuneración. Este tipo de contrato se utiliza frecuentemente en sectores como la consultoría, el mantenimiento técnico, la limpieza y los servicios informáticos.

**Contrato de Distribución**

Este tipo de contrato regula la relación entre un proveedor de productos y un distribuidor que comercializará esos productos. El contrato de distribución establece los términos de la venta de productos al distribuidor, las zonas geográficas de distribución, los objetivos de ventas y las obligaciones respectivas de las partes en cuanto a marketing, almacenamiento y soporte técnico.

**Contrato de Franquicia**

El contrato de franquicia permite a una empresa (el franquiciador) conceder a otra (el franquiciado) el derecho a explotar una marca y un saber hacer a cambio de regalías. Este contrato especifica las obligaciones del franquiciado en términos de conformidad con los estándares de la marca, la formación inicial y continua, el abastecimiento y la financiación. También incluye cláusulas de territorialidad y duración.

**Contrato de Asociación**
Los contratos de asociación formalizan la colaboración entre dos o más partes para alcanzar un objetivo común, a menudo compartiendo recursos y riesgos. Estos contratos detallan los roles, las contribuciones financieras y materiales de cada parte, la distribución de beneficios y pérdidas, así como los mecanismos de toma de decisiones y resolución de conflictos.

**Contrato de Licencia**
Este tipo de contrato permite a una parte (el licenciatario) utilizar la propiedad intelectual de otra (el concedente) a cambio de una regalía. La propiedad intelectual puede incluir patentes, marcas, derechos de autor o know-how técnico. El contrato de licencia aclara los derechos de uso, las limitaciones geográficas y temporales, y las obligaciones de mantenimiento en vigor de la propiedad intelectual.

**Contrato de Subcontratación**
Los contratos de subcontratación se utilizan cuando una empresa (el contratante) confía a otra (el subcontratista) la realización de ciertas tareas o la producción de bienes específicos. Este tipo de contrato especifica los servicios esperados, los estándares de calidad, los plazos de entrega y las condiciones de remuneración. A menudo, incluye cláusulas de confidencialidad y de propiedad industrial.

Cada tipo de contrato comercial responde a necesidades específicas y también contiene cláusulas adaptadas a las particularidades de las relaciones comerciales que regula. Elegir el tipo de contrato adecuado es crucial para asegurar las transacciones y garantizar que todas las partes cumplan con sus compromisos contractuales.

## 1.3 Las partes interesadas en un contrato comercial

Las partes interesadas en un contrato comercial son las entidades o individuos que se comprometen legalmente a cumplir y ejecutar los términos del contrato. Cada parte interesada desempeña un papel determinante en la ejecución del contrato y tiene derechos y obligaciones específicos. Comprender bien el papel de cada parte es esencial para garantizar que se respeten los términos del contrato. A continuación, se describen las principales partes interesadas en un contrato comercial:

**El Vendedor**
El vendedor, o el proveedor, es la parte que ofrece los bienes o servicios dentro del contrato. Las principales obligaciones del vendedor incluyen la prestación de los bienes o servicios de acuerdo con las especificaciones contractuales, en los plazos acordados y con la calidad esperada. El vendedor también es responsable de proporcionar toda la documentación pertinente (por ejemplo, manuales de uso, certificados de garantía) y de cumplir con las condiciones de entrega.

**El Comprador**
El comprador, o el cliente, es la parte que adquiere los bienes o servicios proporcionados por el vendedor. Las obligaciones del comprador incluyen el pago del precio acordado, la aceptación de la entrega y el cumplimiento de las condiciones contractuales en cuanto al uso de los bienes o servicios. El comprador también debe informar de cualquier defecto o no conformidad de los bienes o servicios dentro de los plazos estipulados por el contrato.

**El Socio**
En algunos contratos, como los contratos de asociación o los contratos de distribución, los socios son partes interesadas que colaboran para alcanzar un objetivo común. Estos socios comparten los recursos, los riesgos y los beneficios. Cada socio tiene roles y responsabilidades específicos definidos por el

contrato, que pueden incluir la gestión de proyectos, la provisión de capital o la aportación de conocimientos técnicos.

### El Franquiciado y el Franquiciador
En el marco de un contrato de franquicia, el franquiciador es la entidad que concede al franquiciado el derecho a explotar su marca y su know-how. El franquiciador proporciona la formación inicial, el apoyo continuo y el derecho a utilizar la marca y los sistemas operativos. El franquiciado es la parte que explota el concepto bajo la marca del franquiciador, cuyas obligaciones incluyen el cumplimiento de los estándares operativos, el pago de regalías y la participación en la formación continua.

### El Licenciatario y el Concedente
En un contrato de licencia, el concedente es la parte que posee la propiedad intelectual (por ejemplo, una patente o una marca) y que concede al licenciatario el derecho a utilizar esa propiedad. El concedente debe garantizar la propiedad y la validez del elemento licenciado y puede proporcionar apoyo técnico o comercial. El licenciatario, por su parte, tiene la obligación de respetar las condiciones de uso, de pagar las regalías y de no infringir los derechos de propiedad intelectual más allá del marco autorizado por el contrato.

### El Subcontratista
El subcontratista es una parte que realiza tareas específicas en nombre del contratante en el marco de un contrato de subcontratación. Las obligaciones del subcontratista incluyen la realización de las tareas de acuerdo con las especificaciones y los plazos acordados, y el cumplimiento de los estándares de calidad. El contratante debe proporcionar al subcontratista todos los elementos necesarios para la ejecución de las tareas, así como el pago por los servicios prestados.

### Las Terceras Partes
Además de las partes directas en el contrato, puede haber terceras partes involucradas cuyas funciones se especifican en el contrato. Estas pueden ser intermediarios, garantes o entidades de

resolución de conflictos. Estas terceras partes suelen desempeñar funciones de apoyo para garantizar la correcta ejecución y el cumplimiento de los términos contractuales.

Un contrato comercial bien estructurado debe identificar claramente a todas las partes interesadas y especificar sus roles, responsabilidades y obligaciones. Una comprensión mutua de estos compromisos es crucial para evitar conflictos y garantizar una ejecución fluida y eficaz del contrato.

## 1.4 Los elementos esenciales de un contrato

Un contrato comercial debe incluir varios elementos esenciales que garanticen su validez y eficacia. Comprender bien estos elementos es fundamental para redactar y revisar contratos sólidos y jurídicamente conformes. A continuación, se presentan los principales elementos que debe incluir un contrato comercial:

**La Oferta y la Aceptación**

El contrato comienza con una oferta de una de las partes y la aceptación de esa oferta por la otra parte. La oferta debe ser clara, precisa y completa; especifica los términos sobre los cuales la parte oferente está dispuesta a comprometerse. La aceptación, por su parte, significa que la parte aceptante acepta plenamente los términos de la oferta, sin modificaciones. Una aceptación condicional o modificada crea una contraoferta, en lugar de una aceptación pura y simple.

**La Capacidad Contractual**

Para que un contrato sea válido, las partes deben tener la capacidad jurídica para contratar. Esto significa que deben ser personas mayores de edad, no sujetas a incapacidad jurídica, o entidades legales debidamente constituidas. Los incapaces mayores, los menores no emancipados o las personas bajo curatela no poseen la capacidad jurídica necesaria para contratar, salvo excepciones específicas previstas por la ley.

**La Legalidad del Objeto**

El contrato debe tener un objeto lícito y no contrario al orden público o a las buenas costumbres. Esto significa que el objeto del contrato debe estar legalmente autorizado. Un contrato que trate sobre una actividad ilegal o que contenga cláusulas ilícitas es nulo y carente de efecto jurídico.

**Una Causa Lícita**

La causa del contrato, es decir, el motivo por el cual las partes celebran el contrato, también debe ser lícita. Una causa ilícita hace que el contrato sea nulo. Una causa puede ser ilegal si implica actividades ilícitas o es contraria al interés público.

**Las Condiciones Generales y Particulares**
Las condiciones generales son estipulaciones estandarizadas aplicables a contratos de la misma naturaleza, que regulan aspectos esenciales como la duración, las cláusulas de rescisión y las responsabilidades. Las condiciones particulares, en cambio, son específicamente adaptadas a cada contrato individual y pueden incluir especificaciones técnicas, plazos particulares u obligaciones únicas.

**Las Obligaciones de las Partes**
El contrato debe detallar explícitamente las obligaciones de cada parte. Esto incluye lo que cada parte debe hacer para ejecutar el contrato, los plazos en los que estas obligaciones deben cumplirse y las condiciones para la prestación de servicios o bienes. Una descripción clara de las obligaciones evita malentendidos y facilita la ejecución y el seguimiento del contrato.

**Las Cláusulas de Pago**
Las modalidades de pago son un elemento crucial de todo contrato comercial. Deben incluir el monto a pagar, los plazos de pago, los modos de pago aceptados y las penalidades en caso de retraso en el pago. Estas cláusulas protegen los intereses financieros de las partes y aseguran la transparencia de las transacciones financieras.

**Las Cláusulas de Garantía y Responsabilidad**
Las cláusulas de garantía especifican las garantías proporcionadas por el vendedor o el proveedor en cuanto a la conformidad y calidad de los bienes o servicios. Las cláusulas de responsabilidad definen los límites de la responsabilidad de las partes en caso de defectos, daños o incumplimiento de las obligaciones contractuales. Estas cláusulas son esenciales para gestionar los riesgos y prever los posibles recursos.

**La Duración y la Rescisión**
El contrato debe estipular su duración de validez, así como las

condiciones de renovación y rescisión. Esto incluye las situaciones en las que el contrato puede rescindirse de manera anticipada, los preavisos a respetar y las consecuencias de la rescisión. Precisar estos elementos asegura que las partes sepan qué esperar en caso de cambios de circunstancias.

**Las Cláusulas de Resolución de Conflictos**
Es esencial prever los mecanismos de resolución de posibles conflictos. Esto puede incluir cláusulas de mediación, arbitraje o recurso a tribunales competentes. Estas cláusulas permiten determinar cómo se deben gestionar los conflictos, minimizando así las incertidumbres y los costos asociados a las disputas.

**Las Firmas de las Partes**
Finalmente, para que un contrato sea válido, debe estar firmado por las partes contratantes. La firma atestigua el acuerdo de las partes sobre los términos y condiciones del contrato, haciendo que el acuerdo sea jurídicamente vinculante.

Al integrar todos estos elementos, un contrato comercial se convierte en un instrumento eficaz para formalizar relaciones comerciales, proteger los intereses de las partes y proporcionar una base sólida para la implementación y ejecución de los compromisos contractuales.

## 1.5 Condiciones generales y condiciones particulares

Los contratos comerciales se componen de condiciones generales y condiciones particulares, cada una de las cuales desempeña un papel específico en la estructuración y aplicación del acuerdo. Estos dos tipos de condiciones permiten cubrir tanto los aspectos estándar como las particularidades únicas de cada contrato.

**Condiciones Generales**

Las condiciones generales agrupan las cláusulas estandarizadas que se aplican de manera uniforme a una categoría de contratos. Están diseñadas para asegurar una cierta homogeneidad y cubrir aspectos recurrentes en todos los contratos similares. A continuación, se presentan algunos ejemplos comunes de cláusulas incluidas en las condiciones generales:

- **Cláusula de Duración**: Determina la duración de validez del contrato, las modalidades de renovación y las condiciones de rescisión.
- **Cláusula de Pago**: Establece las modalidades de pago, incluyendo los plazos, los modos de pago aceptados y las penalidades en caso de retraso.
- **Cláusula de Responsabilidad y Garantía**: Define las responsabilidades de las partes en caso de defecto o daños, así como las garantías ofrecidas por el vendedor o proveedor.
- **Cláusula de Fuerza Mayor**: Prevé las circunstancias excepcionales que podrían liberar a las partes de sus obligaciones sin penalidad, tales como desastres naturales o conflictos armados.
- **Cláusula de Resolución de Conflictos**: Indica los métodos de resolución de conflictos, tales como la mediación, el arbitraje o los recursos judiciales.

Las condiciones generales suelen estar pre-redactadas y se

modifican mínimamente para cada nuevo contrato, lo que facilita su uso rápido y eficaz.

**Condiciones Particulares**

Las condiciones particulares, en cambio, son específicas para cada contrato y se ajustan en función de las necesidades y exigencias de las partes interesadas. Complementan las condiciones generales al especificar aspectos únicos o adaptar ciertas cláusulas estandarizadas. A continuación, se presentan algunos ejemplos de cláusulas que podrían incluirse en las condiciones particulares:

- **Objetos Específicos**: Descripción detallada de los bienes o servicios específicos de este contrato particular, incluyendo especificaciones técnicas o de rendimiento.
- **Plazos de Entrega**: Indicación precisa de las fechas y métodos de entrega, adaptados a las necesidades del cliente y a las capacidades del proveedor.
- **Condiciones de Pago Personalizadas**: Ajustes de las modalidades de pago en función de los acuerdos particulares entre las partes, tales como términos de crédito específicos o descuentos.
- **Cláusulas Técnicas o Logísticas**: Disposiciones sobre aspectos específicos como los métodos de transporte, el almacenamiento o los procedimientos de instalación.
- **Compromisos Particulares de las Partes**: Obligaciones adicionales que las partes se comprometen a cumplir, tales como informes de progreso, auditorías de calidad o formación específica.

Las condiciones particulares permiten una personalización del contrato para responder a las especificidades del proyecto o del acuerdo en curso, ofreciendo así una flexibilidad mayor en comparación con las condiciones generales.

**Integración de las Condiciones Generales y Particulares**

Al redactar un contrato, es crucial integrar armoniosamente las condiciones generales y particulares. Un enfoque común consiste en incluir primero las condiciones generales como base del contrato, y luego agregar una sección distinta para las condiciones particulares. Esta estructuración permite a las partes comprender claramente qué cláusulas se aplican de manera estandarizada y cuáles están adaptadas específicamente a su acuerdo.

También es importante garantizar la coherencia entre las condiciones generales y particulares. Las condiciones generales no deben contradecir las condiciones particulares, y todas las diferencias deben ser aclaradas para evitar cualquier ambigüedad o conflicto de interpretación. En caso de contradicción, el contrato debe estipular qué sección prevalece, generalmente en favor de las condiciones particulares.

En conclusión, las condiciones generales y particulares forman la columna vertebral de los contratos comerciales, combinando estabilidad y flexibilidad. Una comprensión clara y una redacción cuidadosa de estas condiciones son esenciales para garantizar la validez jurídica del contrato y la satisfacción de las partes interesadas.

## 1.6 La legalidad y la validez de los contratos

Para que un contrato comercial sea jurídicamente vinculante y ejecutable, debe cumplir con varias condiciones de legalidad y validez. Asegurar la legalidad y validez de los contratos es crucial para cualquier relación comercial, ya que un contrato no conforme puede ser impugnado y anulado por un tribunal. A continuación, se presentan los principales aspectos a tener en cuenta para garantizar que un contrato sea legal y válido:

**La Capacidad Jurídica de las Partes**
Para que un contrato sea válido, las partes contratantes deben tener la capacidad jurídica para comprometer su responsabilidad. Esto significa que deben ser mayores de edad, mentalmente capaces y no estar sujetas a ninguna restricción jurídica en cuanto a su capacidad para contratar. Para las entidades jurídicas como las sociedades, esto implica que los representantes firmantes estén debidamente autorizados para actuar en nombre de la empresa.

**El Consentimiento Libre e Informado**
El consentimiento de las partes debe ser libre e informado. Un contrato firmado bajo coacción, amenaza o influencia indebida puede ser anulado. Del mismo modo, las partes deben estar plenamente informadas y comprender los términos del contrato. Cualquier forma de dolo, maniobra fraudulenta o error sustancial también puede llevar a la anulación del contrato.

**La Legalidad del Objeto**
El objeto del contrato debe ser lícito. Un contrato que trate sobre una actividad ilegal, contraria al orden público o a las buenas costumbres es nulo y sin valor. Esto significa que las obligaciones estipuladas en el contrato deben ser conformes con las leyes y reglamentos vigentes en el momento de su celebración.

**La Causa Lícita**
La causa del contrato, es decir, la razón por la cual las partes contratan, también debe ser lícita. Una causa ilícita o inmoral

puede resultar en la nulidad del contrato. La causa debe ser explícita y estar alineada con los principios legales y éticos.

**La Conformidad Formal**
Algunas categorías de contratos deben cumplir con formalidades específicas para ser válidos. Por ejemplo, algunos contratos deben ser redactados por escrito, otros requieren un registro o la presencia de testigos. La omisión de estas formalidades puede afectar la validez del contrato.

**La Determinación de las Prestaciones**
Las prestaciones que son objeto del contrato deben ser determinadas o determinables. Esto significa que los derechos y obligaciones de cada parte deben estar claramente definidos y ser comprensibles. Un contrato ambiguo o poco claro puede considerarse inexigible. Las prestaciones deben ser lo suficientemente precisas para que cada parte sepa exactamente lo que se espera de ella.

**La Ausencia de Vicios del Consentimiento**
Para que un contrato sea válido, no debe estar viciado por errores en el consentimiento. Los vicios del consentimiento incluyen el error, el dolo (engaño intencional), la violencia (coacción física o moral) y el daño (desequilibrio manifiesto en las prestaciones). La presencia de alguno de estos vicios puede resultar en la anulación del contrato.

**La Coherencia y la Integridad del Contrato**
Un contrato debe ser coherente y completo. Cualquier incoherencia u omisión significativa puede plantear problemas de interpretación y dar lugar a disputas. Los anexos, apéndices y documentos complementarios deben estar claramente referenciados e integrados en el contrato principal para garantizar su integridad.

**El Registro y la Conservación**
Dependiendo de la naturaleza del contrato y de la jurisdicción competente, puede ser necesario registrarlo ante una autoridad administrativa o judicial. Esto garantiza una prueba de la

existencia del contrato y puede facilitar su aplicación. Además, los contratos deben ser conservados de manera segura para poder ser presentados en caso de litigio.

**Las Consecuencias de la No Validez**
Un contrato no válido no tiene fuerza obligatoria y no puede producir efectos jurídicos. Las partes no pueden exigir la ejecución de un contrato inválido y cada una puede solicitar la restitución de las prestaciones realizadas. Además, en caso de invalidez por motivo de ilegalidad, pueden considerarse sanciones penales según el contexto.

En conclusión, la legalidad y validez de un contrato dependen del cumplimiento de varias condiciones esenciales. Es fundamental prestar especial atención a estos aspectos durante la redacción y revisión de los contratos comerciales para proteger los intereses de las partes y asegurar la seguridad jurídica de sus transacciones.

# CAPÍTULO 2: EL ANÁLISIS DE LAS CLÁUSULAS CONTRACTUALES

Ahora que hemos explorado los fundamentos de los contratos comerciales, es crucial concentrarse en los elementos que componen estos documentos esenciales. Cada cláusula en un contrato comercial tiene su importancia y puede influir significativamente en los términos del acuerdo. En el próximo capítulo, examinaremos en detalle las diferentes cláusulas contractuales, identificando las más comunes y aprendiendo a detectar aquellas que podrían presentar problemas.

## 2.1 Cláusulas comunes en los contratos comerciales

Los contratos comerciales suelen incluir un conjunto de cláusulas comunes que buscan regular de manera estandarizada los aspectos clave de la relación contractual. Aunque cada contrato puede tener sus particularidades, algunas cláusulas se repiten con frecuencia debido a su importancia legal y práctica. A continuación, se ofrece un panorama de las cláusulas comunes que se encuentran típicamente en los contratos comerciales:

**Cláusula de Confidencialidad**

La cláusula de confidencialidad impone a las partes la obligación de no divulgar ciertas informaciones obtenidas en el marco de su colaboración. Esto puede incluir secretos comerciales, datos financieros, estrategias de mercado o cualquier información designada como confidencial. Esta cláusula busca proteger los intereses comerciales de las partes y mantener la confidencialidad de la información sensible.

**Cláusula de No Competencia**

Esta cláusula impide que las partes se involucren en actividades competitivas durante la vigencia del contrato, y a menudo por un período determinado después de su finalización. Su objetivo es proteger los intereses de una de las partes al evitar que la otra utilice la información obtenida durante la relación contractual con fines competitivos.

**Cláusula de Responsabilidad**

La cláusula de responsabilidad determina las obligaciones de las partes en caso de incumplimiento de las obligaciones contractuales. Puede incluir limitaciones o exclusiones de responsabilidad para ciertos tipos de daños, como pérdidas indirectas o daños inmateriales. Esta cláusula es crucial para gestionar y prever los riesgos financieros asociados a la ejecución del contrato.

**Cláusula de Fuerza Mayor**

La cláusula de fuerza mayor prevé las circunstancias excepcionales que podrían impedir el cumplimiento de las obligaciones contractuales, como desastres naturales, conflictos, huelgas u otros eventos imprevistos. Esta cláusula suele precisar las condiciones en las que una parte puede ser eximida de sus obligaciones sin penalización debido a estos eventos.

**Cláusula de Penalizaciones**

Esta cláusula impone sanciones financieras en caso de incumplimiento de las obligaciones contractuales, como retrasos en la entrega o incumplimientos de los estándares de calidad. Las penalizaciones pueden ser fijas o calculadas en función de la duración o gravedad del incumplimiento. Estas cláusulas animan a las partes a cumplir sus compromisos al añadir una dimensión financiera a las obligaciones.

**Cláusula de Rescisión**

La cláusula de rescisión describe las condiciones bajo las cuales el contrato puede ser terminado antes de su vencimiento natural. Puede prever motivos específicos de rescisión, como incumplimientos graves de una obligación contractual, la quiebra de una parte o cambios legislativos que afecten al acuerdo. La cláusula también precisa las formalidades a cumplir, como el preaviso y las posibles indemnizaciones.

**Cláusula de Renovación**

La cláusula de renovación estipula las condiciones para la prórroga del contrato al expirar su duración inicial. Puede prever una renovación automática bajo ciertas condiciones, o requerir un acuerdo escrito entre las partes. Esta cláusula es importante para asegurar la continuidad de las relaciones comerciales sin interrupción.

**Cláusula de Propiedad Intelectual**

Esta cláusula determina la propiedad y el uso de los derechos de propiedad intelectual creados o utilizados en el marco del contrato. Suele precisar a qué parte pertenecen las invenciones, creaciones, patentes, marcas y otros activos intelectuales.

También puede incluir licencias de uso otorgadas a la otra parte.

**Cláusula de Revisión de Precios**
La cláusula de revisión de precios permite ajustar los precios de los bienes o servicios en función de las fluctuaciones del mercado, cambios en los costos de producción u otros criterios económicos. Generalmente, prevé un mecanismo de cálculo y las condiciones bajo las cuales los precios pueden ser revisados, protegiendo así a las partes contra variaciones imprevistas.

**Cláusula de Resolución de Conflictos**
La cláusula de resolución de conflictos indica los mecanismos previstos para resolver los posibles desacuerdos entre las partes. Puede incluir procedimientos de mediación, arbitraje o recurso a tribunales. Esta cláusula es esencial para definir un marco claro y predefinido de resolución de disputas, reduciendo así las incertidumbres y los costos asociados a los litigios.

Al agrupar estas cláusulas comunes, los contratos comerciales pueden ofrecer un marco jurídico coherente y completo para regular las relaciones comerciales. Cada cláusula desempeña un papel específico y contribuye a la realización de los objetivos contractuales al proteger los intereses y definir las responsabilidades de las partes involucradas.

## 2.2 Identificación de cláusulas abusivas

Las cláusulas abusivas en los contratos comerciales son disposiciones que crean un desequilibrio significativo entre los derechos y obligaciones de las partes, en detrimento de la parte más débil. Estas cláusulas suelen considerarse injustas y pueden ser anuladas por los tribunales. Identificar y eliminar las cláusulas abusivas es esencial para garantizar la equidad contractual y la validez legal de un contrato. A continuación, se explica cómo reconocer las cláusulas abusivas más comunes:

**Cláusulas que Limitan Excesivamente la Responsabilidad**

Las cláusulas que limitan de manera desproporcionada la responsabilidad de una de las partes, al punto de hacerla prácticamente inaplicable, pueden considerarse abusivas. Por ejemplo, una cláusula que excluye toda responsabilidad del proveedor en caso de defectos en los productos, incluidos los daños graves causados a bienes o personas.

**Cláusulas de Rescisión Unilateral**

Una cláusula que permite a una sola parte rescindir el contrato en cualquier momento, sin previo aviso ni justificación, mientras que la otra parte está sujeta a estrictas limitaciones para la rescisión, es abusiva. Esto crea un desequilibrio donde una parte tiene un control desproporcionado sobre la continuidad del contrato.

**Cláusulas que Imponen Penalizaciones Excesivas**

Las cláusulas que imponen penalizaciones financieras excesivas en caso de incumplimiento o retraso en la ejecución de las obligaciones pueden considerarse abusivas. Por ejemplo, una penalización muy alta por un retraso mínimo en el pago en comparación con el valor total del contrato.

**Cláusulas de Modificación Unilateral**

Las cláusulas que permiten a una parte modificar unilateralmente los términos esenciales del contrato, como precios, servicios prestados o plazos de entrega, sin el consentimiento de la otra parte, a menudo se consideran abusivas. Estas privan a la otra parte de todo control o recurso frente a cambios imprevistos.

### Cláusulas que Limitan los Derechos de Recurso
Una cláusula que restringe el derecho de una parte a buscar reparación en caso de litigio, al limitar el acceso a los tribunales o al imponer condiciones estrictas para iniciar acciones legales, puede ser abusiva. Esto incluye cláusulas de arbitraje forzado con condiciones desventajosas únicamente para una parte.

### Cláusulas de Renovación Automática Desventajosa
Las cláusulas de renovación automática que obligan a una parte a continuar con el contrato a pesar de condiciones desfavorables, sin la posibilidad de rescindir fácilmente antes de la renovación, pueden ser abusivas. Esto es especialmente cierto si el plazo de preaviso de rescisión es excesivamente largo o complicado en comparación con la duración del contrato.

### Cláusulas que Imponen Obligaciones Desproporcionadas
Las cláusulas que imponen obligaciones muy pesadas o costosas a una parte, mientras que solo imponen obligaciones ligeras o ofrecen beneficios significativos a la otra parte, pueden identificarse como abusivas. Un ejemplo sería una cláusula que exige que el socio menor realice inversiones sustanciales sin garantía de retorno de la inversión.

### Cláusulas de Garantías Excesivas
Las cláusulas que exigen garantías excesivas e irrazonables de una sola parte, como fianzas desproporcionadas o seguros costosos, también pueden ser abusivas. Estos requisitos deben ser proporcionales y justificados por los riesgos del contrato.

### Cláusulas de Confidencialidad Desequilibradas
Las cláusulas de confidencialidad que imponen restricciones estrictas a una sola parte, mientras que permiten que la otra parte explote o divulgue libremente la información confidencial, crean un desequilibrio evidente. Un buen contrato debe incluir obligaciones de confidencialidad recíprocas y equitativas.

### Cláusulas de Exclusividad Restrictivas

Las cláusulas de exclusividad que impiden que una parte colabore o haga negocios con otros socios o proveedores durante un período prolongado o bajo condiciones estrictas pueden considerarse abusivas, especialmente si limitan seriamente las oportunidades de crecimiento o diversificación.

**Cómo Evitar y Corregir las Cláusulas Abusivas**

Para evitar y corregir las cláusulas abusivas, es crucial elaborar contratos equilibrados y negociados de buena fe. Aquí algunos pasos a seguir:

- **Revisión Legal**: Hacer que un asesor legal revise el contrato para identificar y corregir posibles cláusulas abusivas.

- **Negociación Justa**: Asegurar un proceso de negociación transparente donde se escuchen y respeten las preocupaciones y exigencias de ambas partes.

- **Cláusulas de Recurso Justas**: Incluir cláusulas de recurso que ofrezcan soluciones justas en caso de litigio, como la mediación o el arbitraje neutral.

- **Verificación de Obligaciones**: Comparar las obligaciones impuestas a cada parte para asegurar que son proporcionales y equitativas.

- **Consenso Mutuo**: Obtener el consentimiento informado de ambas partes para todas las cláusulas, asegurando que ninguna parte se sienta obligada o desfavorecida.

Al identificar y corregir las cláusulas abusivas, las partes pueden establecer contratos que fomenten relaciones comerciales duraderas y equitativas, protegiendo sus intereses respectivos. Los contratos equilibrados y justos tienen más probabilidades de resistir la prueba del tiempo y prevenir litigios.

## 2.3 Cláusulas específicas para ciertos tipos de contratos

Los contratos comerciales pueden variar considerablemente según el tipo de transacción o la naturaleza de las relaciones entre las partes. Por lo tanto, algunos contratos requieren cláusulas específicas adaptadas a su contexto particular. A continuación, se presenta un resumen de las cláusulas específicas para ciertos tipos de contratos comerciales comunes:

**Contrato de Venta**

- **Cláusula de Conformidad de los Productos**: Especifica los estándares de calidad y rendimiento que los productos deben cumplir, así como los procedimientos de control de calidad.
- **Cláusula de Reserva de Propiedad**: Estipula que la propiedad de los bienes vendidos permanece con el vendedor hasta el pago total del precio por parte del comprador.
- **Cláusula de Entrega y Transferencia de Riesgos**: Detalla las modalidades de entrega, los incoterms (por ejemplo, FOB, CIF) utilizados para determinar el punto de transferencia de riesgos de pérdida o daño de los bienes.

**Contrato de Prestación de Servicios**

- **Cláusula de Niveles de Servicio (SLA)**: Define los niveles de rendimiento y servicio (tiempo de respuesta, disponibilidad, mantenimiento) que el proveedor se compromete a cumplir.
- **Cláusula de Evaluación del Servicio**: Especifica los métodos de evaluación y reporte de la calidad de los servicios, incluidas evaluaciones periódicas y auditorías de rendimiento.
- **Cláusula de Formación y Soporte**: Detalla las obligaciones del proveedor en cuanto a la provisión

de formación y soporte técnico al comprador o a sus usuarios.

## Contrato de Distribución

- **Cláusula de Territorio Exclusivo**: Otorga al distribuidor el derecho exclusivo de vender los productos del proveedor en una zona geográfica específica.
- **Cláusula de Objetivos de Venta**: Establece los objetivos de venta que debe alcanzar el distribuidor y las consecuencias en caso de incumplimiento de estos objetivos.
- **Cláusula de Devolución de Productos**: Especifica las condiciones y procedimientos para la devolución de productos no vendidos o defectuosos al proveedor.

## Contrato de Franquicia

- **Cláusula de Manuales Operativos**: Impone al franquiciado la obligación de cumplir con los manuales operativos proporcionados por el franquiciante.
- **Cláusula de Regalías y Royalties**: Detalla los montos que el franquiciado debe pagar al franquiciante, a menudo en forma de regalías fijas o como porcentaje de los ingresos.
- **Cláusula de Publicidad y Marketing**: Especifica las obligaciones del franquiciado en cuanto a la participación en campañas de publicidad y marketing centralizadas por el franquiciante.

## Contrato de Asociación

- **Cláusula de Reparto de Beneficios y Pérdidas**: Establece las modalidades para la distribución de los beneficios generados y las pérdidas incurridas en el marco de la asociación.
- **Cláusula de Aportaciones de Capital y Competencias**: Detalla las contribuciones financieras y en especie que

cada socio debe proporcionar para alcanzar los objetivos de la asociación.

- **Cláusula de Gobernanza**: Especifica las modalidades de gestión de la asociación, incluidas las decisiones estratégicas y la resolución de conflictos entre los socios.

**Contrato de Licencia**

- **Cláusula de Alcance de la Licencia**: Define los límites geográficos, temporales y los ámbitos de uso de los derechos de propiedad intelectual concedidos.
- **Cláusula de Regalías**: Detalla las modalidades de cálculo y pago de las regalías que el licenciatario debe abonar al concedente.
- **Cláusula de Garantía de Validez de la Propiedad Intelectual**: Obliga al concedente a garantizar que la propiedad intelectual es válida y está vigente durante toda la duración del contrato.

**Contrato de Subcontratación**

- **Cláusula de Conformidad con Especificaciones**: Obliga al subcontratista a cumplir con las especificaciones técnicas y de calidad definidas por el contratante.
- **Cláusula de Supervisión y Auditoría**: Otorga al contratante el derecho de supervisar y auditar las actividades del subcontratista para verificar la conformidad y calidad de los trabajos realizados.
- **Cláusula de Indemnización**: Especifica las obligaciones de indemnización en caso de incumplimiento de las condiciones contractuales por parte del subcontratista, incluidas las penalizaciones financieras y compensaciones por los daños sufridos.

**Adaptación e Inclusión de Cláusulas Específicas**

Al elaborar o revisar contratos comerciales, es esencial identificar las cláusulas específicas relevantes para el tipo de contrato en cuestión. La inclusión de estas cláusulas asegura que todos los aspectos particulares del contrato estén cubiertos, reduciendo así los riesgos de litigios y malentendidos. Además, estas cláusulas específicas deben redactarse de manera clara y detallada para garantizar su correcta interpretación y ejecución conforme a las expectativas de las partes.

Al integrar las cláusulas específicas adaptadas al tipo de contrato, las partes pueden proteger mejor sus intereses y estructurar sus relaciones comerciales de manera justa y equilibrada, lo que contribuye a asociaciones duraderas y eficaces.

## 2.4 Técnicas para analizar las cláusulas

El análisis de las cláusulas de un contrato comercial es un proceso metódico que permite verificar la conformidad, claridad y equidad de los términos acordados. Aunque puede parecer complejo, algunas técnicas comprobadas facilitan este análisis. A continuación, se presenta un enfoque estructurado para evaluar eficazmente las cláusulas de un contrato comercial:

**Lectura Activa y Exhaustiva**
El primer paso consiste en una lectura activa y completa del contrato. Se trata de leer cada cláusula atentamente, anotando los términos técnicos o jurídicos no comprendidos para una investigación más profunda. Una lectura exhaustiva garantiza que cada cláusula sea examinada y que nada quede al azar.

**Verificación de la Coherencia Interna**
Es crucial verificar que todas las cláusulas del contrato sean coherentes entre sí. Las cláusulas no deben contradecirse ni crear ambigüedades. Por ejemplo, los plazos de entrega mencionados en una cláusula deben coincidir con los plazos de pago indicados en otra parte del contrato.

**Identificación de las Cláusulas Clave**
Identificar las cláusulas clave del contrato es un paso importante. Esto incluye las cláusulas de pago, entrega, responsabilidad, rescisión y cualquier otra cláusula determinante para la ejecución del contrato. Se debe prestar especial atención a estas cláusulas para asegurarse de que sean claras, equitativas y equilibradas.

**Análisis de Términos Jurídicos**
Los términos jurídicos específicos utilizados en el contrato deben ser bien comprendidos. Puede ser útil consultar recursos jurídicos o solicitar la opinión de un asesor legal para aclarar los términos técnicos. Una buena comprensión de estos términos es esencial para evitar interpretaciones erróneas.

**Verificación de la Legalidad y Conformidad**
Las cláusulas deben ser examinadas para verificar su legalidad y conformidad con las normativas vigentes. Esto incluye asegurarse de que las cláusulas respeten los derechos de las partes, las leyes locales e internacionales y las normas del sector. Una cláusula ilegal o no conforme podría invalidar total o parcialmente el contrato.

**Evaluación del Equilibrio de las Cláusulas**
Cada cláusula debe ser evaluada para asegurarse de que sea equilibrada y no favorezca de manera desproporcionada a una de las partes. Las cláusulas abusivas o desequilibradas, como aquellas que imponen penalizaciones excesivas u obligaciones unilaterales estrictas, deben ser ajustadas para garantizar una relación equitativa entre las partes.

**Verificación de la Claridad y Precisión**
Las cláusulas deben estar redactadas de manera clara y precisa para evitar cualquier ambigüedad. Las formulaciones vagas o abiertas a interpretación deben evitarse. Cada obligación y derecho debe estar claramente definido para asegurar una comprensión mutua de los términos contractuales.

**Comparación con Modelos y Normas**
Comparar las cláusulas del contrato con modelos estándar y normas del sector puede ayudar a identificar omisiones o irregularidades. Esta comparación también puede proporcionar ideas para añadir o modificar el contrato con el fin de mejorar su estructura y contenido.

**Uso de Listas de Verificación**
El uso de listas de verificación específicas para el análisis de contratos puede ser muy útil. Estas listas permiten asegurarse de que todas las cláusulas necesarias estén presentes y correctas. Sirven como guía para revisar sistemáticamente cada aspecto importante del contrato.

**Simulación y Pruebas de Escenarios**
Simular situaciones posibles y probar cómo las cláusulas del

contrato responden a estos escenarios es una técnica práctica para evaluar su eficacia. Por ejemplo, en caso de retraso en la entrega, verificar los mecanismos de recurso y las penalizaciones previstas por el contrato.

**Consulta con un Experto Jurídico**
Finalmente, solicitar la opinión de un experto jurídico, especialmente para contratos complejos o de gran envergadura, es a menudo indispensable. Un jurista o abogado especializado puede proporcionar un análisis profundo e identificar problemas potenciales que podrían escapar a un no especialista.

**Herramientas y Recursos para el Análisis**

- **Software de Gestión Contractual**: Estas herramientas pueden ayudar a identificar cláusulas clave, verificar la conformidad y analizar los riesgos asociados con los términos contractuales.

- **Guías y Manuales Jurídicos**: Consultar guías jurídicas puede proporcionar explicaciones detalladas sobre los términos y condiciones comúnmente utilizados.

- **Bases de Datos Jurídicas**: El acceso a bases de datos legales que contienen jurisprudencia y modelos de contratos puede ser valioso para una mejor comprensión de las normas y prácticas aceptadas.

Al emplear estas técnicas de análisis, las partes pueden asegurarse de que las cláusulas del contrato sean justas, claras, conformes y eficaces, fortaleciendo así la estabilidad y durabilidad de sus relaciones comerciales.

## 2.5 Estudio de caso: Análisis de un contrato tipo

Para ilustrar las técnicas y conceptos abordados en las secciones anteriores, procederemos a un estudio de caso analizando un contrato tipo. Este ejercicio práctico permitirá aplicar los métodos de análisis de cláusulas e identificar posibles debilidades o desequilibrios que puedan existir. A continuación, se presenta un ejemplo de contrato de prestación de servicios:

**Contexto del Contrato**

- **Partes contratantes**:
  - **Proveedor**: XYZ Services SARL
  - **Cliente**: ABC Empresa SA
- **Objeto del contrato**: Prestación de servicios de mantenimiento informático por un período de 12 meses.
- **Monto total del contrato**: 50 000 EUR, pagaderos mensualmente.

**Contenido del Contrato**

1. **Objeto del Contrato**
   - La empresa XYZ Services SARL se compromete a proporcionar servicios de mantenimiento informático a las instalaciones de ABC Empresa SA, cubriendo la reparación, el mantenimiento y el soporte técnico durante un período de 12 meses.

2. **Duración y Rescisión**
   - El contrato entra en vigor el 1 de enero de 2023 por un período de 12 meses.
   - Cualquiera de las partes puede rescindir el contrato con un preaviso de 60 días en caso de incumplimiento grave de las obligaciones contractuales.

3. **Obligación de Confidencialidad**
   - Ambas partes se comprometen a mantener confidencial toda la información intercambiada en el marco del presente contrato durante la vigencia del contrato y por un período de 2 años después de su finalización.
4. **Modalidades de Pago**
   - El monto total del contrato es de 50 000 EUR, pagaderos en 12 cuotas mensuales de 4 166,67 EUR cada una, pagaderas antes del 5 de cada mes.
   - En caso de retraso en el pago, se aplicará una penalización del 1% del monto adeudado por cada mes de retraso.
5. **Cláusula de No Competencia**
   - XYZ Services SARL se compromete a no prestar servicios similares a una empresa competidora de ABC Empresa SA durante la vigencia del contrato y por un período de 6 meses después de su finalización.
6. **Garantía y Responsabilidad**
   - XYZ Services SARL garantiza la calidad de los servicios prestados y se compromete a reparar cualquier fallo reportado por ABC Empresa SA en un plazo de 48 horas.
   - La responsabilidad de XYZ Services SARL está limitada al monto total del contrato en caso de daños directos causados por sus servicios.
7. **Fuerza Mayor**
   - Ninguna de las partes será responsable por retrasos o incumplimientos en la ejecución de sus obligaciones contractuales causados por un evento de fuerza mayor, tal como se define en el Código Civil.

8. **Litigios y Jurisdicción**
    - En caso de litigio derivado del presente contrato, las partes se comprometen a intentar resolverlo de manera amistosa antes de acudir a los tribunales.
    - En caso de no lograrse una resolución amistosa, el litigio será sometido a la jurisdicción de los tribunales de Definidos.

## Análisis del Contrato Tipo

### Objeto del Contrato

- **Claridad**: El objeto del contrato está claramente definido, indicando los servicios específicos que se prestarán.
- **Completitud**: Los servicios de mantenimiento están bien descritos, pero sería útil detallar más los tipos de mantenimiento cubiertos (preventivo, correctivo).

### Duración y Rescisión

- **Coherencia**: La cláusula es coherente con las prácticas estándar, ofreciendo un preaviso razonable para la rescisión.
- **Equilibrio**: Las condiciones de rescisión por incumplimiento grave son equitativas, pero podría ser útil añadir condiciones de rescisión por conveniencia con una compensación justa.

### Obligación de Confidencialidad

- **Claridad**: Esta cláusula está bien formulada y es precisa.
- **Completitud**: La duración post-contrato de 2 años para la confidencialidad es razonable e indica una preocupación por la protección de la información sensible.

### Modalidades de Pago

- **Claridad y Precisión**: Las modalidades de pago y las

penalizaciones por retraso están claramente definidas, lo que ayuda a evitar litigios relacionados con el pago.

- **Equilibrio**: Una penalización del 1% por mes es razonable y conforme a los estándares de la industria.

### Cláusula de No Competencia

- **Claridad**: La duración y el alcance de la no competencia están especificados.
- **Equilibrio**: El período de 6 meses después de la finalización es razonable, pero la cláusula podría redactarse para evitar una definición demasiado amplia de "empresa competidora".

### Garantía y Responsabilidad

- **Limitación**: La limitación de la responsabilidad al monto total del contrato es una práctica común, pero debe verificarse su aceptabilidad por parte de ABC Empresa SA.
- **Equilibrio**: La garantía de reparación en 48 horas es favorable para el comprador.

### Fuerza Mayor

- **Claridad**: La definición de fuerza mayor es estándar y conforme al derecho civil.
- **Completitud**: Esta cláusula es adecuada y protege a ambas partes en caso de eventos imprevistos.

### Litigios y Jurisdicción

- **Claridad**: La cláusula de litigio favorece inicialmente una resolución amistosa, lo cual es positivo.
- **Completitud**: Indicar directamente los tribunales Definidos como jurisdicción competente asegura que las partes sepan dónde actuar legalmente.

### Conclusión

Este estudio de caso muestra la importancia de analizar cada cláusula de un contrato para asegurar su claridad, equilibrio y conformidad legal. Al aplicar las técnicas de análisis de cláusulas vistas anteriormente, podemos identificar las fortalezas y debilidades del contrato tipo y proponer ajustes para fortalecer la protección de las partes y la solidez jurídica del acuerdo.

# CAPÍTULO 3: METODOLOGÍA DE REVISIÓN CONTRACTUAL

Después de comprender las diferentes cláusulas que componen un contrato comercial, es momento de centrarse en los métodos de revisión de estos documentos. Una revisión minuciosa puede prevenir muchos litigios y garantizar que todas las partes cumplan con sus obligaciones. En el próximo capítulo, detallaremos los pasos y técnicas para realizar una revisión contractual efectiva y completa.

## 3.1 Preparación para la revisión

Para emprender una revisión efectiva de un contrato comercial, una preparación minuciosa es esencial. Esta etapa preliminar garantiza que abordarás la revisión con una comprensión clara y una organización óptima. A continuación, se presentan los aspectos principales a considerar durante la preparación para la revisión de un contrato:

**Comprensión del Contexto**

Antes de comenzar la revisión, es vital entender el contexto en el que se redactó el contrato. Esto incluye:

- **Las Partes Contratantes**: Identifica claramente las partes involucradas, sus roles y sus objetivos respectivos.
- **El Objeto del Contrato**: Comprende el propósito principal del contrato y los servicios o productos que cubre.
- **El Entorno Jurídico y Regulatorio**: Familiarízate con las leyes y regulaciones aplicables a este tipo de contrato y a la jurisdicción en cuestión.

**Recolección de los Documentos Necesarios**

Reúne todos los documentos pertinentes necesarios para la revisión, entre ellos:

- **Versiones Previas del Contrato**: Compara las diferentes versiones para identificar las modificaciones y evoluciones.
- **Documentos de Referencia**: Incluye normas, directrices regulatorias y estudios de casos similares para realizar una evaluación comparativa.
- **Correspondencia y Negociaciones**: El conjunto de intercambios entre las partes puede proporcionar información útil sobre las intenciones y acuerdos no escritos.

**Organización del Espacio de Trabajo**

Crea un entorno propicio para la revisión:

- **Delimitación de un Espacio Tranquilo**: Trabaja en un espacio donde puedas concentrarte sin interrupciones.
- **Uso de Herramientas de Revisión**: Provisiónate de software de gestión documental, edición colaborativa y comparación de versiones.

**Planificación del Proceso de Revisión**

Elabora un plan detallado para abordar la revisión del contrato:

- **Definir los Objetivos**: Especifica qué debes verificar, modificar o aclarar en el contrato.
- **Asignación del Tiempo Necesario**: Prepara un calendario realista que incluya fechas límite para cada sección o cláusula importante.
- **Implicación de las Partes Interesadas**: Identifica a las personas clave dentro de cada parte contratante cuyo criterio es necesario y planifica encuentros o puntos de verificación.

**Formación Jurídica**

Asegúrate de que todas las personas involucradas en la revisión posean una formación adecuada:

- **Sesiones de Formación**: Organiza sesiones de formación jurídica para los equipos involucrados para que comprendan los principios legales y contractuales.
- **Acceso a Asesores Jurídicos**: Garantiza un acceso fácil a expertos legales para responder a preguntas específicas que puedan surgir.

**Uso de Listas de Verificación**

Prepara una o varias listas de verificación para guiarte en la revisión:

- **Lista de Verificación de Cláusulas Esenciales**: Enumera las cláusulas indispensables que todo contrato debería contener.

- **Lista de Verificación de Puntos de Control Jurídico**: Incluye todos los aspectos legales a verificar como la conformidad regulatoria y las cláusulas de arbitraje.

**Software y Herramientas de Revisión**

Aprovecha herramientas digitales para facilitar y acelerar tu trabajo:

- **Software de Comparación de Textos**: Utiliza herramientas que permitan comparar diferentes versiones del contrato para detectar las modificaciones.
- **Herramientas de Edición Colaborativa**: Adopta plataformas donde varios usuarios puedan trabajar simultáneamente en el mismo documento.

**Preparación Psicológica**

La revisión de contratos puede ser intelectualmente exigente:

- **Mantener la Concentración**: Prepárate para trabajar en sesiones de revisión, intercaladas con pausas regulares para evitar la fatiga mental.
- **Gestión del Estrés**: Adopta técnicas de gestión del estrés para mantener la calma y la eficacia.

Al seguir estos pasos de preparación, estarás mejor equipado para abordar la revisión del contrato de manera sistemática y exhaustiva. Una buena preparación permite minimizar los errores, aclarar las ambigüedades y garantizar que el contrato revisado sea sólido, equilibrado y jurídicamente conforme.

## 3.2 Lectura atenta y análisis cláusula por cláusula

La lectura atenta y el análisis cláusula por cláusula constituyen el núcleo de la revisión contractual. Esta etapa requiere especial atención para identificar posibles errores, ambigüedades o desequilibrios que puedan existir en el contrato. A continuación, se explica cómo proceder de manera sistemática:

**Metodología de la Lectura Atenta**

**Primera Lectura Global**

- **Objetivo**: Obtener una visión general del contrato.
- **Acción**: Leer el documento de principio a fin sin realizar modificaciones, tomando notas sobre los puntos que necesiten un examen más profundo.

**Segunda Lectura Detallada**

- **Objetivo**: Comenzar el análisis profundo de cada cláusula.
- **Acción**: Leer cada cláusula lenta y metódicamente, asegurándote de comprender completamente cada término y condición.

**Análisis Cláusula por Cláusula**

**Identificación de Cláusulas Clave**

- **Cláusula de Duración y Rescisión**: Verifica que la duración del contrato y las condiciones de rescisión estén claramente definidas y sean equitativas para ambas partes.
- **Cláusula de Pago**: Asegúrate de que las modalidades de pago estén detalladas, incluyendo plazos, métodos de pago y penalizaciones en caso de retraso.
- **Cláusula de Responsabilidad**: Examina las limitaciones de responsabilidad para asegurarte de que sean

razonables y conformes a las prácticas de la industria.

- **Cláusula de Confidencialidad**: Verifica que las obligaciones de confidencialidad sean equilibradas y claramente especificadas.

**Validación de la Claridad y Precisión**

- **Claridad del Lenguaje**: Evita términos vagos o ambiguos. Cada condición debe formularse de manera explícita y previsible.
- **Precisión de las Obligaciones**: Cada obligación de las partes debe describirse de manera precisa y sin ambigüedades.

**Verificación de Conformidad Legal**

- **Conformidad Regulatoria**: Verifica que las cláusulas cumplan con las leyes y regulaciones vigentes en la jurisdicción aplicable.
- **Validez de las Cláusulas**: Algunas cláusulas pueden ser no válidas o inaplicables, como las cláusulas penales desproporcionadas o injustas.

**Evaluación del Equilibrio de las Cláusulas**

- **Equidad**: Asegúrate de que las cláusulas no favorezcan desmesuradamente a una de las partes. Las obligaciones y derechos deben estar equilibrados.
- **Cláusulas Abusivas**: Identifica y modifica las cláusulas que podrían considerarse abusivas por un tribunal.

**Verificación de Detalles**

- **Meticulosidad**: Los detalles como montos, fechas y cifras deben ser exactos y coherentes.
- **Referencias Cruzadas**: Asegúrate de que todas las referencias internas (por ejemplo, "ver sección 3.2") sean correctas.

**Seguridad de la Información**

- **Protección de Datos**: Asegúrate de que las cláusulas de confidencialidad y protección de datos personales cumplan con regulaciones como el GDPR.

## Uso de Herramientas de Revisión

### Software de Revisión Contractual

- **Comparación de Textos**: Utiliza software que permita comparar diferentes versiones del contrato para identificar las modificaciones realizadas.
- **Anotaciones y Comentarios**: Inserta anotaciones y comentarios para documentar tus observaciones y sugerencias de modificación.

### Listas de Verificación y Tableros de Control

- **Lista de Verificación de Revisión**: Usa una lista de verificación para asegurarte de que todas las cláusulas importantes estén presentes y correctas.
- **Tablero de Control**: Crea un tablero para seguir las secciones y cláusulas que necesiten modificaciones, adiciones o aclaraciones.

## Colaboración y Validación

### Implicar a los Expertos

- **Revisión Jurídica**: Solicita la opinión de asesores legales para validar la conformidad y robustez de las cláusulas.
- **Consulta con las Partes Interesadas**: Involucra a las partes interesadas principales para obtener sus comentarios y aprobaciones sobre las modificaciones propuestas.

## Finalización del Análisis

### Síntesis de las Modificaciones

- **Resumen de los Cambios**: Documenta todas las modificaciones propuestas y las razones de estos cambios.

- **Validación Final**: Revisa la versión final del contrato con todas las partes interesadas para obtener un consenso antes de la finalización.

Al realizar una lectura atenta y un análisis detallado de cada cláusula, puedes asegurarte de que el contrato revisado sea claro, preciso, equilibrado y conforme a las exigencias legales. Esta rigurosidad analítica contribuye en gran medida a la solidez y durabilidad del acuerdo contractual.

## 3.3 Lista de verificación de puntos a revisar

La revisión de un contrato comercial requiere una atención meticulosa a los detalles. Para ayudarte a estructurar este proceso, una lista de verificación de puntos a revisar puede ser extremadamente útil. A continuación, se presenta una lista exhaustiva que cubre los aspectos principales a tener en cuenta durante la revisión de tu contrato:

**Identidad de las Partes**

- **Nombres Completos y Datos de Contacto**: Verifica que los nombres, direcciones y datos de contacto de cada parte sean correctos y completos.
- **Estatus Jurídico**: Asegúrate de que el estatus jurídico de cada parte (sociedad, individuo, asociación) esté claramente indicado.

**Contexto del Contrato**

- **Objeto del Contrato**: Confirma que el objeto del contrato esté claramente definido y descrito.
- **Duración y Fechas**: Verifica las fechas de inicio y finalización, así como cualquier estipulación relativa a la duración del contrato.

**Términos Financieros**

- **Modalidades de Pago**: Asegúrate de que las modalidades de pago (monto, plazos, métodos) estén claramente enunciadas.
- **Condiciones de Facturación**: Verifica los plazos de facturación, condiciones de reembolso y modalidades en caso de retraso en el pago.

**Obligaciones de las Partes**

- **Descripción de los Servicios o Productos**: Los servicios o productos proporcionados deben describirse de manera detallada y precisa.

- **Normas y Criterios de Rendimiento**: Indica los estándares de rendimiento o calidad que los servicios o productos deben cumplir.
- **Plazos de Ejecución**: Verifica que los plazos de ejecución o entrega estén específicamente indicados.

**Cláusulas de Responsabilidad**

- **Limitación de la Responsabilidad**: Asegúrate de que cualquier limitación de responsabilidad esté claramente definida y sea razonable.
- **Obligaciones de Indemnización**: Verifica las cláusulas de indemnización para asegurarte de que sean equitativas y adecuadas.

**Confidencialidad y Propiedad Intelectual**

- **Cláusula de Confidencialidad**: Confirma que las obligaciones de confidencialidad sean equilibradas y específicas para la información sensible.
- **Propiedad Intelectual**: Verifica las disposiciones relativas a la propiedad intelectual, incluidas las licencias y los derechos de uso.

**Cláusulas de Fuerza Mayor**

- **Definición y Condiciones**: Asegúrate de que la cláusula de fuerza mayor esté bien definida y cubra los eventos imprevistos relevantes.
- **Consecuencias sobre las Obligaciones**: Verifica cómo se ven afectadas las obligaciones de las partes por los eventos de fuerza mayor.

**Cláusulas de Modificación y Enmienda**

- **Procedimiento de Modificación**: Asegúrate de que el procedimiento para enmendar el contrato esté claramente descrito.

- **Consentimiento Mutuo**: Verifica que cualquier modificación requiera el consentimiento escrito de todas las partes.

### Cláusulas de Rescisión

- **Condiciones de Rescisión**: Confirma las condiciones específicas bajo las cuales el contrato puede ser rescindido por cualquiera de las partes.
- **Preaviso de Rescisión**: Verifica los plazos de preaviso requeridos para una rescisión en forma.

### Cláusulas de Resolución de Conflictos

- **Mecanismos de Resolución**: Asegúrate de que los mecanismos de resolución de conflictos (mediación, arbitraje, tribunales competentes) estén especificados.
- **Competencia Jurisdiccional**: Verifica que la jurisdicción competente en caso de litigio esté claramente especificada.

### Exigencias Regulatorias y Conformidad

- **Cumplimiento de las Leyes Aplicables**: Verifica que el contrato mencione la conformidad con las leyes y regulaciones aplicables.
- **Cláusulas Obligatorias**: Asegúrate de que todas las cláusulas legales obligatorias estén incluidas.

### Ejecución del Contrato

- **Firmas**: Verifica que el contrato prevea las firmas de las partes, incluidas las modalidades de firma electrónica si son aplicables.
- **Resumen de los Documentos Anexos**: Confirma que todos los documentos anexos o referenciados en el contrato estén listados y adjuntos.

### Última Verificación

- **Coherencia Interna**: Asegúrate de que todas las

cláusulas sean coherentes entre sí y no se contradigan.
- **Ortografía y Gramática**: Verifica que no haya errores de ortografía o gramática en el documento final.
- **Doble Revisión**: Realiza una segunda revisión o solicita a otro experto que revise el contrato para identificar posibles errores.

Al seguir esta lista de verificación rigurosa, puedes asegurarte de que todos los aspectos clave del contrato han sido examinados y validados, reduciendo así los riesgos de litigios y malentendidos entre las partes. Un enfoque metódico y detallado garantizará la solidez y equidad de tu contrato comercial.

## 3.4 Herramientas y técnicas para una revisión eficaz

Revisar un contrato comercial con precisión y eficacia requiere el uso de herramientas especializadas y técnicas probadas. El objetivo es garantizar que el contrato sea claro, equilibrado y conforme a las exigencias legales. A continuación, se presenta una selección de herramientas y técnicas que pueden facilitar en gran medida este proceso:

**Herramientas Digitales**

**Software de Gestión Contractual**

- **Funcionalidades**: Permiten almacenar, organizar y gestionar los contratos en un solo lugar. Ofrecen capacidades de búsqueda avanzada, recordatorios de plazos y seguimiento de modificaciones.
- **Ejemplos**: DocuSign, ContractWorks, PandaDoc.

**Aplicaciones de Comparación de Textos**

- **Funcionalidades**: Facilitan la comparación de diferentes versiones de un contrato al resaltar las modificaciones realizadas. Ayudan a identificar rápidamente los cambios entre dos documentos.
- **Ejemplos**: WinMerge, Draftable, Workshare Compare.

**Herramientas de Edición Colaborativa**

- **Funcionalidades**: Permiten a varios usuarios trabajar simultáneamente en un mismo documento, añadir comentarios y seguir las modificaciones en tiempo real.
- **Ejemplos**: Google Docs, Microsoft Word Online, Slack (para la comunicación).

**Bases de Datos Jurídicas**

- **Funcionalidades**: Ofrecen acceso a una amplia colección de jurisprudencias, modelos de contratos y leyes

relevantes. Ayudan a verificar la conformidad legal de las cláusulas.
- **Ejemplos**: LexisNexis, Westlaw, Dalloz.

## Técnicas de Revisión

### Análisis Estructural
- **Descripción**: Divide el contrato en secciones y subsecciones lógicas para facilitar el examen. Esto permite asegurarse de que el contrato sigue un orden coherente y que todas las cláusulas importantes están incluidas.
- **Método**: Utiliza encabezados y subtítulos claros para cada sección, escribe un resumen descriptivo.

### Lectura Repetida
- **Descripción**: Lee varias veces el contrato, tanto de manera global para entenderlo en su conjunto como de manera detallada para profundizar en cada cláusula.
- **Método**: Alterna entre lecturas lentas para una comprensión profunda y lecturas rápidas para identificar incoherencias.

### Uso de Listas de Verificación
- **Descripción**: Emplea listas de verificación para asegurarte de que todos los elementos esenciales estén presentes y correctos en el contrato.
- **Método**: Compara cada parte del contrato con los puntos de tu lista de verificación para identificar omisiones o errores.

### Simulación de Escenarios
- **Descripción**: Prueba el contrato simulando escenarios posibles que podrían ocurrir durante su ejecución. Esto permite evaluar la solidez de las cláusulas.
- **Método**: Crea estudios de caso ficticios o basados en

situaciones anteriores para probar la efectividad de las cláusulas.

**Consulta con Expertos**

- **Descripción**: Recurrir a asesores legales o expertos de la industria para obtener una opinión profesional sobre cláusulas complejas o ambiguas.
- **Método**: Organiza sesiones de revisión con expertos para discutir los puntos sensibles y obtener aprobaciones.

**Anotaciones y Comentarios**

- **Descripción**: Anotar el contrato con comentarios para clarificar los puntos importantes o tomar nota de preguntas y sugerencias.
- **Método**: Utiliza funcionalidades de anotaciones en documentos digitales o márgenes para documentos impresos.

**Grupos de Revisión Cruzada**

- **Descripción**: Forma grupos dentro de tu organización para realizar revisiones cruzadas de documentos. Esto ayuda a beneficiarse de diversas perspectivas y a detectar errores que uno mismo podría pasar por alto.
- **Método**: Organiza sesiones de revisión por pares y discute los puntos planteados en reuniones de evaluación.

**Técnicas Avanzadas**

**Formación Continua**

- **Descripción**: Capacita regularmente a tu equipo en las últimas prácticas y en las evoluciones regulatorias para estar al día sobre las mejores prácticas en revisión contractual.
- **Método**: Participa en seminarios, cursos en línea y talleres especializados.

Al integrar estas herramientas y técnicas en tu proceso de revisión, puedes asegurar un análisis profundo y riguroso de los contratos comerciales. Esto permite no solo detectar errores u omisiones, sino también mejorar la claridad, validez jurídica y equilibrio de los acuerdos contractuales.

# CAPÍTULO 4: FALLAS COMUNES Y CÓMO CORREGIRLAS

Con una metodología clara para la revisión de contratos, ahora debemos enfocarnos en la identificación y corrección de las fallas comunes. Incluso los contratos mejor redactados pueden contener errores o ambigüedades. En este capítulo, identificaremos los errores frecuentes en los contratos comerciales y propondremos estrategias para corregirlos de manera efectiva.

## 4.1 Errores frecuentes en los contratos comerciales

A pesar de las mejores intenciones, los errores pueden colarse con frecuencia en los contratos comerciales. Identificar estos errores comunes permite evitarlos y redactar contratos más sólidos y equilibrados. A continuación, se presentan algunos de los errores más frecuentemente encontrados en los contratos comerciales:

**Ambigüedades y Lenguaje Vago**
El uso de términos vagos o ambiguos puede llevar a interpretaciones divergentes y litigios. Por ejemplo, frases como "a la mayor brevedad" o "razonablemente aceptable" carecen de precisión. Un lenguaje claro y preciso es crucial para evitar malentendidos.

**Omisiones Importantes**
La falta de inclusión de cláusulas esenciales puede comprometer la validez y ejecución del contrato. Por ejemplo, no incluir una cláusula de fuerza mayor o de rescisión puede dejar a las partes sin recursos adecuados en caso de situaciones imprevistas.

**Definiciones Incompletas**
No definir claramente términos específicos del acuerdo puede provocar desacuerdos. Cada término técnico o jerga utilizada debe definirse claramente en una sección dedicada a las definiciones.

**Cláusulas Duplicadas o Contradictorias**
Incluir cláusulas duplicadas o contradictorias puede generar confusión y debilitar el contrato. Cada sección debe ser única, y todas las cláusulas deben ser coherentes entre sí.

**Provisiones Legales No Conformes**
Incorporar cláusulas que no cumplan con las leyes y regulaciones vigentes puede hacer que el contrato sea parcial o totalmente nulo. Es esencial asegurarse de que cada cláusula cumpla con los requisitos legales pertinentes.

**Mala Gestión de Fechas y Plazos**

Gestionar mal o indicar incorrectamente las fechas y plazos, como los vencimientos de pago, las fechas de entrega y los períodos de rescisión, puede crear problemas de conformidad y ejecución. Cada plazo debe estipularse claramente y ser realista.

**Limitación de Responsabilidad Desmedida**
Limitar de manera excesiva la responsabilidad de una de las partes puede considerarse abusivo y puede no ser sostenido ante los tribunales. Las limitaciones deben ser razonables y equitativas para ser aceptadas por todas las partes.

**Omisión de Condiciones de Rescisión**
No incluir condiciones de rescisión específicas puede causar dificultades cuando las partes deseen dar por terminado el acuerdo. Los motivos de rescisión y los avisos necesarios deben definirse claramente.

**Inadecuación de las Cláusulas de Garantía**
Las cláusulas de garantía demasiado vagas o insuficientes pueden dejar a las partes sin protección adecuada en caso de fallos. Las garantías deben definirse explícitamente, incluidas las condiciones, la duración y los recursos.

**Problemas de Confidencialidad**
Ignorar las necesidades de confidencialidad o tener cláusulas de confidencialidad incompletas puede exponer a las partes a violaciones de datos. Una cláusula de confidencialidad completa y bien definida es esencial para proteger la información sensible.

**Ejemplos de Errores Frecuentes**

- **Error en el Nombre de las Partes**: Escribir incorrectamente el nombre de una de las partes o usar un nombre comercial en lugar del nombre legal completo.
- **Falta de Firma**: Dejar un contrato sin las firmas requeridas de las partes hace que el acuerdo no sea ejecutable.
- **Ausencia de Sello o Timbre**: Algunos contratos

requieren un sello oficial para ser validados legalmente. Omitir este detalle puede invalidar el contrato.

- **Desequilibrio en los Derechos y Obligaciones**: Imponer obligaciones pesadas a una parte sin una contraparte equivalente puede considerarse desequilibrado y abusivo.
- **Cláusulas Penales Excesivas**: Establecer penalidades desproporcionadas en caso de incumplimiento puede ser ilegal y difícil de aplicar.

Al reconocer estos errores frecuentes, los redactores de contratos pueden tomar medidas para evitarlos, mejorando así la claridad, equidad y validez legal de sus acuerdos. Una atención meticulosa a los detalles en cada etapa de la redacción y revisión es esencial para crear contratos comerciales robustos y efectivos.

## 4.2 Identificación de fallas legales

Identificar las fallas legales en un contrato comercial es una etapa crucial para asegurar su validez y proteger los intereses de las partes involucradas. Las fallas legales pueden hacer que un contrato sea impugnable o parcialmente inaplicable. A continuación, se presentan los principales métodos y aspectos a considerar para identificar y corregir estas fallas:

**Análisis de Conformidad Legal**

**Verificación de Cláusulas Obligatorias**

- **Objetivo**: Asegurarse de que todas las cláusulas obligatorias estén presentes y conformes con las leyes aplicables.
- **Acción**: Comparar el contrato con los requisitos legales y regulatorios de la jurisdicción correspondiente.

**Examen de la Validez de las Cláusulas**

- **Objetivo**: Identificar las cláusulas que podrían ser consideradas no válidas o inaplicables por un tribunal.
- **Acción**: Verificar si las cláusulas de limitación de responsabilidad, de no competencia o de penalización cumplen con las normas legales.

**Identificación de Ambigüedades e Incoherencias**

**Evaluación de Términos Ambiguos**

- **Objetivo**: Detectar términos o expresiones que podrían interpretarse de manera múltiple.
- **Acción**: Reformular las cláusulas ambiguas para que sean claras y precisas.

**Verificación de Coherencia Interna**

- **Objetivo**: Asegurarse de que todas las cláusulas del contrato se complementen y no se contradigan.
- **Acción**: Comparar las cláusulas entre sí para detectar

incoherencias potenciales.

### Verificación de Derechos y Obligaciones

**Equilibrio de Derechos y Obligaciones**

- **Objetivo**: Identificar las cláusulas que crean un desequilibrio significativo entre las partes.
- **Acción**: Modificar las cláusulas desequilibradas para repartir equitativamente los derechos y obligaciones.

**Verificación de Provisiones de Rescisión**

- **Objetivo**: Asegurar que las condiciones de rescisión sean claras y justas para todas las partes.
- **Acción**: Incluir condiciones de rescisión específicas y un aviso razonable.

### Evaluación de Cláusulas de Protección

**Protección de Datos y Confidencialidad**

- **Objetivo**: Asegurarse de que la información confidencial y los datos personales estén adecuadamente protegidos.
- **Acción**: Verificar que las cláusulas de confidencialidad y protección de datos cumplan con las regulaciones vigentes, como el GDPR.

**Cláusulas de Fuerza Mayor e Imprevistos**

- **Objetivo**: Cubrir los eventos imprevistos que podrían impactar el cumplimiento del contrato.
- **Acción**: Elaborar una cláusula de fuerza mayor sólida, incluyendo una definición clara de los eventos cubiertos.

### Inclusión de Mecanismos de Resolución de Conflictos

**Procedimientos de Resolución de Disputas**

- **Objetivo**: Precisar los procedimientos de resolución de conflictos para evitar litigios prolongados y costosos.
- **Acción**: Incluir cláusulas de mediación y arbitraje como alternativas a los recursos judiciales clásicos.

**Jurisdicción Competente**

- **Objetivo**: Determinar qué tribunal o jurisdicción será competente en caso de litigio.
- **Acción**: Especificar claramente la competencia jurisdiccional en el contrato.

**Consulta y Validación**

**Revisión por Expertos**

- **Objetivo**: Asegurarse de que el contrato haya sido examinado por especialistas en derecho comercial.
- **Acción**: Recurrir a asesores legales para una revisión final y una validación profesional.

**Retroalimentación de las Partes Interesadas**

- **Objetivo**: Recoger las opiniones de las partes interesadas sobre las cláusulas específicas y el equilibrio general del contrato.
- **Acción**: Organizar sesiones de retroalimentación y aprobación para discutir los puntos sensibles.

Al seguir estos pasos metódicos para identificar las fallas legales, se pueden elaborar contratos más seguros y mejor protegidos contra impugnaciones. Un contrato jurídicamente robusto no solo protege a las partes, sino que también refuerza la confianza y la transparencia en las relaciones comerciales.

## 4.3 Soluciones y estrategias para remediar las fallas

Una vez identificadas las fallas legales en un contrato comercial, es crucial implementar soluciones y estrategias para corregirlas. Esta sección explora las diferentes formas de remediar las debilidades y fortalecer la solidez jurídica del contrato.

### Clarificación de Cláusulas Ambiguas

### Redefinición de Términos y Expresiones

- **Objetivo**: Eliminar cualquier ambigüedad para asegurar una interpretación clara y uniforme.
- **Solución**: Reformular los términos vagos o abiertos a diferentes interpretaciones, utilizando definiciones precisas y ejemplos concretos.

### Añadir Definiciones

- **Objetivo**: Clarificar el significado de los términos clave del contrato.
- **Solución**: Crear una sección dedicada a las definiciones al inicio del contrato para explicar el significado de cada término técnico o jerga específica utilizada.

### Reequilibrio de Derechos y Obligaciones

### Alineación de Obligaciones

- **Objetivo**: Garantizar que los compromisos asumidos por las partes sean equitativos y proporcionales.
- **Solución**: Revisar las obligaciones de cada parte para asegurarse de que estén equilibradas, añadiendo contraprestaciones cuando sea necesario.

### Revisión de Cláusulas de Responsabilidad

- **Objetivo**: Asegurar una distribución justa de la responsabilidad en caso de incumplimiento.
- **Solución**: Ajustar las cláusulas de limitación de

responsabilidad para que sean razonables y conformes con las prácticas comunes del sector.

### Refuerzo de Cláusulas de Rescisión

### Inclusión de Motivos Específicos de Rescisión

- **Objetivo**: Precisar claramente las situaciones que justifican una rescisión anticipada.
- **Solución**: Detallar los motivos de rescisión, los procedimientos a seguir y los avisos necesarios para permitir una rescisión en debida forma.

### Avisos Razonables

- **Objetivo**: Dar suficiente tiempo a las partes para prepararse para la rescisión.
- **Solución**: Establecer plazos de aviso conformes con los estándares de la industria y las necesidades específicas de las partes.

## Protección de Datos y Confidencialidad

### Refuerzo de Cláusulas de Confidencialidad

- **Objetivo**: Proteger la información sensible y confidencial.
- **Solución**: Precisar los tipos de información cubierta, las obligaciones de cada parte respecto a su protección y las sanciones en caso de incumplimiento.

### Conformidad con Regulaciones de Protección de Datos

- **Objetivo**: Asegurar que el contrato cumpla con las leyes de protección de datos.
- **Solución**: Integrar cláusulas específicas de protección de datos, incluyendo la obligación de notificar las violaciones de datos y los derechos de las personas afectadas.

## Adopción de Técnicas de Verificación y Validación

### Uso de Modelos de Contratos Estandarizados

- **Objetivo**: Asegurar la conformidad y eficacia de las cláusulas comunes.
- **Solución**: Adoptar modelos de contratos recomendados por asociaciones profesionales o asesores legales.

### Incorporación de Auditorías y Revisiones Periódicas

- **Objetivo**: Garantizar que el contrato siga siendo relevante y conforme con las evoluciones legales.
- **Solución**: Implementar procesos de auditoría periódica para revisar y actualizar las condiciones contractuales cuando sea necesario.

### Gestión de Litigios y Resolución de Conflictos

### Mecanismos de Resolución Alternativa

- **Objetivo**: Ofrecer soluciones para resolver los litigios de manera rápida y eficaz.
- **Solución**: Integrar cláusulas de mediación y arbitraje para fomentar la resolución amistosa de disputas antes de recurrir a la vía judicial.

### Cláusula de Jurisdicción Competente

- **Objetivo**: Determinar de antemano el tribunal competente en caso de litigio.
- **Solución**: Definir claramente la jurisdicción competente en el contrato, basándose en criterios como el lugar de residencia de las partes o el lugar de ejecución del contrato.

### Uso de Herramientas Tecnológicas

### Automatización de Procesos de Revisión

- **Objetivo**: Acelerar la detección de errores y fallas.
- **Solución**: Utilizar software especializado en análisis de contratos para identificar automáticamente los elementos problemáticos.

### Plataformas de Edición Colaborativa

- **Objetivo**: Facilitar la colaboración entre las partes durante la revisión del contrato.
- **Solución**: Usar herramientas como Google Docs o Microsoft Teams para permitir modificaciones en tiempo real y comentarios directos.

Al aplicar estas soluciones y estrategias, se pueden corregir eficazmente las fallas legales identificadas en un contrato comercial. Un enfoque proactivo de evaluación y mejora de las cláusulas garantiza la solidez, claridad y legalidad de los acuerdos, reforzando así la confianza entre las partes y disminuyendo los riesgos de litigios futuros.

## 4.4 Ejercicios prácticos: Revisión y corrección de ejemplos de contratos

La mejor manera de dominar el arte de la revisión y corrección de contratos comerciales es practicando con ejemplos prácticos. A continuación, se presentan algunos escenarios realistas y contratos típicos para que puedas poner en práctica las técnicas y estrategias abordadas en los capítulos anteriores.

### Ejemplo 1: Contrato de Prestación de Servicios

**Contexto:**

- **Partes**: Alpha Consulting (Proveedor) y Beta Industries (Cliente)
- **Objeto**: Prestación de servicios de consultoría estratégica por un período de seis meses.

**Cláusula Inicial a Revisar:**

- **Cláusula de Confidencialidad**: "La información intercambiada entre las partes durante el período del contrato debe ser tratada con confidencialidad."

**Fallas Identificadas:**

- **Vaga y Generalizada**: La cláusula no especifica qué información se considera confidencial ni la duración de la confidencialidad después de la finalización del contrato.

**Corrección Propuesta:**

- "Las partes acuerdan que toda la información técnica, comercial y estratégica intercambiada en el marco del presente contrato se considera confidencial. Cada parte se compromete a no divulgar esta información a terceros sin la autorización previa por escrito de la otra parte, y esto, durante la vigencia del contrato y por un período de dos años a partir de su terminación."

**Objetivo:**

- Precisar los tipos de información cubiertos y la duración de la confidencialidad.

**Ejemplo 2: Contrato de Venta**

**Contexto:**

- **Partes:** Gamma Equipments (Vendedor) y Delta Corp (Comprador)
- **Objeto:** Venta y entrega de máquinas industriales.

**Cláusula Inicial a Revisar:**

- **Cláusula de Entrega:** "Las máquinas serán entregadas en el menor tiempo posible después de la firma del contrato."

**Fallas Identificadas:**

- **Falta de Precisión:** La cláusula es vaga y no define un plazo claro para la entrega.

**Corrección Propuesta:**

- "Las máquinas serán entregadas en la dirección del comprador dentro de los 30 días naturales a partir de la fecha de firma del presente contrato. En caso de retraso, el vendedor se compromete a informar al comprador lo antes posible y a proponer una nueva fecha de entrega."

**Objetivo:**

- Proporcionar un plazo específico para la entrega y un procedimiento en caso de retraso.

**Ejemplo 3: Contrato de Distribución**

**Contexto:**

- **Partes:** Epsilon Products (Proveedor) y Zeta Distributions (Distribuidor)
- **Objeto:** Distribución exclusiva de productos electrónicos en una región específica.

**Cláusula Inicial a Revisar:**

- **Cláusula de Renovación Automática**: "Este contrato se renovará automáticamente por un período adicional de un año a menos que una de las partes notifique su intención de no renovación al menos 10 días antes de la finalización del contrato."

**Fallas Identificadas:**

- **Plazo de Aviso Demasiado Corto**: 10 días es un plazo insuficiente para la preparación ante una rescisión o renegociación.

**Corrección Propuesta:**

- "Este contrato se renovará automáticamente por un período adicional de un año, a menos que una de las partes notifique su intención de no renovación al menos 60 días antes de la finalización del período contractual en curso."

**Objetivo:**

- Ampliar el plazo de aviso para permitir una adecuada preparación.

**Ejemplo 4: Contrato de Licencia**

**Contexto:**

- **Partes**: Theta Software (Concedente) y Iota Solutions (Licenciatario)
- **Objeto**: Licencia de uso de software por un período determinado.

**Cláusula Inicial a Revisar:**

- **Cláusula de Garantía**: "El concedente garantiza que el software está libre de cualquier defecto."

**Fallas Identificadas:**

- **Demasiado General e Irrealista**: Cualquier garantía absoluta es difícil de mantener legalmente.

**Corrección Propuesta:**

- "El concedente garantiza que el software funcionará sustancialmente de acuerdo con la documentación proporcionada durante un período de 12 meses a partir de la fecha de entrega. En caso de defecto sustancial durante este período, el concedente se compromete a corregir el defecto sin costos adicionales para el licenciatario."

**Objetivo:**
- Limitar la garantía a un período específico y definir qué constituye un defecto sustancial.

Al realizar estos ejercicios prácticos, puedes avanzar en la revisión y corrección de contratos comerciales, fortaleciendo tus habilidades y confianza en la elaboración de documentos contractuales robustos y conformes con los estándares profesionales y legales.

# CAPÍTULO 5: LA NEGOCIACIÓN CONTRACTUAL

Después de aprender a identificar y corregir las fallas en los contratos, el siguiente paso consiste en dominar el arte de la negociación. Una negociación bien llevada permite concluir acuerdos equitativos y beneficiosos para todas las partes. En el próximo capítulo, exploraremos las técnicas de negociación y las mejores prácticas para alcanzar resultados favorables.

## 5.1 Los principios básicos de la negociación

La negociación es un arte complejo que se basa en varios principios fundamentales. Dominar estos principios ayuda a alcanzar acuerdos equilibrados y duraderos. A continuación, se presentan los principales principios básicos de la negociación en el contexto de los contratos comerciales:

**Comprensión Mutua**

*Escucha Activa*

- **Principio**: Escuchar atentamente a la otra parte para comprender sus necesidades, preocupaciones y motivaciones.
- **Aplicación**: Practicar la escucha activa reformulando los puntos importantes, haciendo preguntas clarificadoras y mostrando empatía.

*Comunicación Clara*

- **Principio**: Utilizar un lenguaje claro y preciso para evitar malentendidos.
- **Aplicación**: Expresar sus propias necesidades y exigencias de manera directa, manteniendo el respeto y estando abierto a las sugerencias de la otra parte.

**Preparación Sólida**

*Investigación y Análisis*

- **Principio**: Llegar bien preparado con una comprensión profunda de los detalles del contrato y los intereses de todas las partes.
- **Aplicación**: Recopilar información sobre la industria, los antecedentes de las partes, sus posiciones competitivas y precedentes legales pertinentes.

*Establecimiento de Objetivos*

- **Principio**: Definir claramente los objetivos principales y secundarios que se desean alcanzar en la negociación.
- **Aplicación**: Establecer objetivos realistas y prioritarios, así como puntos no negociables y zonas de flexibilidad.

## Flexibilidad y Adaptabilidad

*Compromisos y Flexibilidad*

- **Principio**: Estar dispuesto a hacer compromisos y adaptar su posición en función de los avances de la negociación.
- **Aplicación**: Identificar las concesiones posibles y las alternativas aceptables para satisfacer mutuamente las necesidades de las partes.

*Gestión de Conflictos*

- **Principio**: Gestionar los desacuerdos de manera constructiva para evitar estancamientos.
- **Aplicación**: Utilizar técnicas de resolución de conflictos como la mediación, mantener la calma y ser objetivo durante las discusiones tensas.

## Creación de Valor

*Enfoque Ganar-Ganar*

- **Principio**: Buscar crear soluciones que beneficien a todas las partes involucradas.
- **Aplicación**: Identificar los intereses comunes y explorar opciones innovadoras que añadan valor para todos.

*Innovación y Creatividad*

- **Principio**: Pensar de manera creativa para encontrar soluciones innovadoras a los puntos de bloqueo.
- **Aplicación**: Considerar concesiones condicionales, cláusulas de rendimiento, bonos de éxito u otros instrumentos para enriquecer el acuerdo.

## Mantenimiento de Buenas Relaciones

*Respeto y Cortesía*
- **Principio**: Tratar a la otra parte con respeto para construir una relación de confianza.
- **Aplicación**: Evitar ataques personales, valorar los puntos de vista contrarios y mantener una actitud positiva.

*Compromiso y Fiabilidad*
- **Principio**: Mostrar compromiso con los acuerdos y ser fiable.
- **Aplicación**: Cumplir con las promesas, realizar un seguimiento regular de los compromisos y mantener una comunicación abierta incluso después de la negociación.

**Gestión Estratégica**

*Oportunidades y Momentos Adecuados*
- **Principio**: Utilizar el tiempo a su favor para optimizar los resultados de la negociación.
- **Aplicación**: Saber cuándo acelerar o ralentizar las discusiones, elegir los momentos adecuados para presentar propuestas o hacer concesiones.

*Anticipación de Objeciones*
- **Principio**: Prever las objeciones y barreras potenciales para estar listo para responder eficazmente.
- **Aplicación**: Preparar contraargumentos sólidos y hechos que respalden su posición para superar las objeciones cuando se presenten.

Al integrar estos principios básicos en su enfoque de negociación, estará mejor equipado para llevar a cabo discusiones productivas y llegar a acuerdos contractuales sólidos y beneficiosos para todas las partes. Dominar estos fundamentos es esencial para navegar con éxito en el proceso de negociación comercial.

## 5.2 Preparación y establecimiento de objetivos

La preparación es un elemento crucial para el éxito en una negociación. Un buen preparador anticipa las necesidades, las contingencias y las eventualidades para navegar eficazmente a través de las conversaciones. El proceso de preparación implica varios pasos importantes, incluida un análisis profundo y la definición de objetivos claros. A continuación, se explica cómo prepararse adecuadamente y establecer objetivos para una negociación de contrato comercial.

**Análisis Preliminar**

*Investigación y Recolección de Información*

- **Objetivo**: Reunir toda la información pertinente sobre las partes involucradas, el contexto de la negociación y los antecedentes contractuales.
- **Acción**: Estudie el sector, el historial de las partes interesadas, sus motivaciones, necesidades y vulnerabilidades. Utilice fuentes fiables como informes financieros, estudios de mercado y publicaciones del sector.

*Análisis FODA*

- **Objetivo**: Identificar las fortalezas (Strengths), debilidades (Weaknesses), oportunidades (Opportunities) y amenazas (Threats) de la situación.
- **Acción**: Evalúe sus propias fortalezas y debilidades, así como las de la otra parte. Identifique las oportunidades comunes y las amenazas potenciales para el éxito de la negociación.

*Definición de Intereses*

- **Objetivo**: Evaluar lo que realmente está en juego para cada una de las partes.

- **Acción**: Defina los intereses financieros, legales, estratégicos y relacionales. Priorice estos intereses para tener una visión clara de lo que es esencial y lo que puede ser negociable.

## Establecimiento de Objetivos

*Identificación de Objetivos Primarios y Secundarios*

- **Objetivo**: Distinguir lo que es absolutamente necesario de lo que sería beneficioso obtener.
- **Acción**: Establezca una lista de objetivos primarios, que son no negociables, y objetivos secundarios, que son deseables pero pueden ser comprometidos. Por ejemplo, un objetivo primario podría ser asegurar una cláusula de no divulgación estricta, mientras que un objetivo secundario podría ser obtener plazos de pago más favorables.

*Objetivos SMART*

- **Objetivo**: Asegurarse de que los objetivos sean claros y alcanzables.
- **Acción**: Formule sus objetivos según el modelo SMART: Específicos (Specific), Medibles (Measurable), Alcanzables (Achievable), Realistas (Realistic) y Temporales (Time-bound). Por ejemplo, "Obtener una reducción del 10% en los costos de suministro dentro de los 30 días posteriores a la firma del contrato".

## Preparación Estratégica

*Elaboración de Escenarios*

- **Objetivo**: Preparar diferentes escenarios posibles y las respuestas adecuadas.
- **Acción**: Cree escenarios de "qué pasaría si" para cada punto clave de la negociación. Por ejemplo, ¿qué sucederá si la otra parte rechaza una concesión crucial? Prepare contraofertas por adelantado.

*Elaboración de una BATNA (Best Alternative to a Negotiated Agreement)*

- **Objetivo**: Determinar la mejor alternativa en caso de fracaso de la negociación.
- **Acción**: Identifique y prepárese para la mejor alternativa disponible si no se puede alcanzar un acuerdo. Por ejemplo, tener otro proveedor potencialmente disponible puede servir como palanca en la negociación con el proveedor actual.

*Establecimiento de Límites y Concesiones*

- **Objetivo**: Saber hasta dónde está dispuesto a llegar y lo que está dispuesto a ceder.
- **Acción**: Defina límites claros para cada punto de negociación y prepare una lista de concesiones posibles que no afecten a sus objetivos primarios.

**Preparación Logística**

*Organización de Documentos*

- **Objetivo**: Tener todos los documentos necesarios disponibles y ordenados.
- **Acción**: Prepare un expediente completo con las versiones anteriores del contrato, toda la correspondencia, las notas de las reuniones y cualquier otro documento pertinente para una consulta rápida.

*Preparación del Equipo de Negociación*

- **Objetivo**: Asegurarse de que todos los miembros del equipo estén alineados y bien informados.
- **Acción**: Informe a cada miembro del equipo sobre los objetivos, estrategias y roles esperados. Asegúrese de que cada uno conozca perfectamente los puntos a abordar y las concesiones posibles.

*Gestión del Tiempo*

- **Objetivo**: Optimizar los plazos para una negociación eficaz.
- **Acción**: Establezca un calendario claro con plazos para cada etapa de la negociación. Prevea pausas para reevaluar la situación y ajustar las estrategias si es necesario.

**Preparativos Psicológicos**

*Preparación Mental*

- **Objetivo**: Prepararse mentalmente para mantenerse tranquilo y concentrado.
- **Acción**: Adopte técnicas de relajación y visualización, anticipe las dificultades y prepárese para mantener una actitud positiva y resiliente.

*Anticipación de Tácticas Adversas*

- **Objetivo**: Prever las estrategias de la otra parte y estar listo para reaccionar.
- **Acción**: Considere las posibles tácticas de la otra parte (por ejemplo, tácticas de farol o presión) y prepare respuestas estratégicas para cada situación.

Al implementar estos pasos de preparación y establecimiento de objetivos, puede entrar en una negociación con una visión clara y una estrategia bien definida. La clave es mantenerse flexible mientras se tienen objetivos y límites bien establecidos, aumentando así las posibilidades de llegar a un acuerdo beneficioso para todas las partes.

## 5.3 Técnicas de negociación

Una negociación exitosa se basa en el uso de técnicas adecuadas que permiten llevar a cabo las discusiones de manera eficaz y productiva. A continuación, se presentan algunas técnicas probadas para ayudarle a navegar en el proceso de negociación y llegar a acuerdos satisfactorios para todas las partes:

*Técnica de la Escucha Activa*

- **Objetivo**: Comprender plenamente las necesidades y preocupaciones de la otra parte.
- **Aplicación**: Practicar la escucha activa reformulando lo que ha dicho la otra parte, haciendo preguntas abiertas para aclarar los puntos y mostrando empatía. Por ejemplo, "Si entiendo bien, está preocupado por los plazos de entrega. ¿Puede explicarme exactamente qué le preocupa?".

*Técnica del BATNA (Best Alternative to a Negotiated Agreement)*

- **Objetivo**: Fortalecer su posición al conocer sus mejores alternativas en caso de que la negociación fracase.
- **Aplicación**: Identifique claramente su BATNA antes de comenzar las discusiones. Use este conocimiento para evaluar las ofertas durante la negociación y tener una base sólida en caso de que deba retirarse de la mesa de negociación.

*Técnica del Cuestionamiento Estratégico*

- **Objetivo**: Explorar en profundidad las posiciones de la otra parte sin dar la impresión de ser demasiado inquisitivo.
- **Aplicación**: Hacer preguntas estratégicas que alienten a la otra parte a revelar sus necesidades y motivaciones. Por ejemplo, "¿Cuáles son sus principales objetivos para este proyecto?" o "¿Cómo ve usted la evolución de nuestra colaboración a largo plazo?".

*Técnica del Anclaje*
- **Objetivo**: Influir en la discusión estableciendo un punto de partida para las negociaciones.
- **Aplicación**: Comience las negociaciones con una oferta o demanda inicial ambiciosa pero razonable que oriente las discusiones en su dirección. Por ejemplo, proponiendo un precio inicial ligeramente más alto para tener margen para concesiones posteriores.

*Técnica de las Concesiones Recíprocas*
- **Objetivo**: Crear un sentido de equidad y reciprocidad en las negociaciones.
- **Aplicación**: Cuando conceda algo a la otra parte, solicite una concesión equivalente a cambio. Por ejemplo, "Si aceptamos extender el período de garantía, ¿estaría dispuesto a reducir los plazos de pago?".

*Técnica del Silencio*
- **Objetivo**: Dar tiempo a la otra parte para reflexionar y potencialmente revelar información adicional.
- **Aplicación**: Después de hacer una pregunta o propuesta, quédese en silencio y deje que la otra parte responda. Use el silencio como una herramienta para mostrar que espera una respuesta seria y reflexionada.

*Técnica de la Repetición*
- **Objetivo**: Asegurar la claridad y comprensión mutua.
- **Aplicación**: Repita o reformule los puntos clave de la discusión para verificar que todas las partes estén en la misma página. Por ejemplo, "Para estar seguros de que estamos de acuerdo, ¿confirma que las entregas comenzarán el 1 de junio, verdad?".

*Técnica de la Partición*
- **Objetivo**: Desglosar los problemas complejos para encontrar soluciones parciales.

- **Aplicación**: Cuando surjan bloqueos, divida los problemas en elementos más pequeños y manejables. Por ejemplo, si los términos financieros son un problema, discuta por separado el precio, las modalidades de pago y los posibles descuentos.

*Técnica del "Quid Pro Quo"*

- **Objetivo**: Intercambiar elementos de valor equivalente para avanzar hacia un acuerdo.
- **Aplicación**: Proponga intercambios en los que cada parte obtenga algo importante para ella. Por ejemplo, "Podemos aceptar su solicitud de modificación del producto, siempre que extienda el contrato por un año más".

*Técnica de la Visualización de Escenarios*

- **Objetivo**: Anticipar las posibles consecuencias de las diferentes ofertas y contraofertas.
- **Aplicación**: Discuta los escenarios posibles para cada propuesta y evalúen juntos sus impactos a corto y largo plazo. Utilice gráficos o matrices para ilustrar las ventajas y desventajas de cada opción.

## Aplicación Práctica

*Estudios de Casos Reales*

- Aplique estas técnicas a estudios de casos reales o ficticios para practicar su uso en diversas situaciones.
- Organice sesiones de simulación de negociación para reforzar estas competencias en grupo.

*Seguimiento y Ajustes*

- Después de cada negociación, evalúe las técnicas utilizadas: qué funcionó, qué podría mejorarse.
- Adapte y perfeccione sus técnicas en función de los comentarios y resultados obtenidos.

*Aprendizaje Continuo*
- Participe en formaciones y lea libros especializados para enriquecer y diversificar su conjunto de técnicas de negociación.

Al integrar estas técnicas en sus negociaciones, puede mejorar su capacidad para alcanzar acuerdos sólidos y satisfactorios para todas las partes. Un enfoque estratégico y bien estructurado facilita la gestión de las discusiones, resuelve eficazmente los conflictos y construye acuerdos mutuamente beneficiosos.

## 5.4 Negociar las cláusulas sensibles

Algunas cláusulas de los contratos comerciales suelen ser fuente de fricciones y requieren una atención especial durante las negociaciones. Es crucial abordar estas cláusulas sensibles con una estrategia específica para garantizar un acuerdo equilibrado. A continuación, se presentan las técnicas y consideraciones a tener en cuenta para negociar eficazmente las cláusulas sensibles:

*Cláusulas de Conformidad y Responsabilidad*

- **Objetivo**: Definir claramente las responsabilidades y obligaciones de las partes en caso de incumplimiento o defecto.
- **Estrategia**:
    - *Claridad y Precisión*: Redacte cláusulas precisas que detallen las condiciones de conformidad y las responsabilidades asociadas.
    - *Justificación Documentada*: Utilice estudios de casos o precedentes legales para justificar sus exigencias en materia de responsabilidad.
    - *Limitación de Responsabilidad*: Proponga límites razonables a la responsabilidad financiera para evitar sanciones desproporcionadas.

*Cláusulas de Pago y Penalizaciones*

- **Objetivo**: Establecer modalidades de pago justas y penalizaciones proporcionales.
- **Estrategia**:
    - *Modalidades de Pago Claras*: Defina claramente los plazos, los medios de pago aceptados y los descuentos por pagos anticipados.
    - *Penalizaciones Razonables*: Negocie penalizaciones con un enfoque pragmático para los retrasos o incumplimientos de pago, teniendo en cuenta las capacidades financieras de las partes.
    - *Flexibilidad*: Prevea posibilidades de

reprogramación o de período de gracia en caso de dificultades financieras temporales.

*Cláusulas de No Competencia y Exclusividad*

- **Objetivo**: Proteger los intereses comerciales sin restringir excesivamente las libertades de las partes.
- **Estrategia**:
  - *Duración y Alcance*: Limite la duración y el alcance geográfico de las cláusulas de no competencia para garantizar su aceptabilidad y conformidad legal.
  - *Reciprocidad*: Asegúrese de que los compromisos de no competencia sean recíprocos y equitativos.
  - *Compensación*: Proponga una compensación a cambio de las restricciones impuestas, para hacer la cláusula más aceptable.

*Cláusulas de Duración y Rescisión*

- **Objetivo**: Facilitar la continuidad de la relación contractual permitiendo al mismo tiempo salidas equitativas si es necesario.
- **Estrategia**:
  - *Precisión sobre la Duración*: Establezca claramente la duración inicial del contrato y las condiciones de renovación.
  - *Condiciones de Rescisión*: Defina motivos de rescisión claros y equitativos, con plazos de preaviso razonables.
  - *Indemnizaciones*: Prevea indemnizaciones por rescisión para compensar las inversiones específicas y los costos incurridos.

*Cláusulas de Confidencialidad*

- **Objetivo**: Proteger la información sensible permitiendo al mismo tiempo cierta flexibilidad operativa.
- **Estrategia**:
  - *Especificidad*: Identifique específicamente qué

información se considera confidencial.

- *Duración de la Confidencialidad*: Limite la duración de la confidencialidad a un período realista y justificable después del contrato.
- *Exclusiones*: Incluya excepciones claras para la información ya pública u obtenida de manera independiente.

*Cláusulas de Propiedad Intelectual*

- **Objetivo**: Proteger los derechos de propiedad intelectual permitiendo al mismo tiempo un mayor uso por las partes.
- **Estrategia**:
  - *Definición Amplia*: Defina claramente qué constituye la propiedad intelectual cubierta por el contrato.
  - *Licencia y Uso*: Establezca condiciones de uso claramente definidas y negocie licencias equilibradas.
  - *Protección y Defensa*: Prevea mecanismos de protección y responsabilidades en caso de infracción.

*Cláusulas de Fuerza Mayor*

- **Objetivo**: Gestionar los riesgos relacionados con eventos imprevistos de manera equitativa.
- **Estrategia**:
  - *Definición Clave*: Establezca una definición clara de los eventos de fuerza mayor cubiertos por la cláusula.
  - *Obligaciones de Notificación*: Prevea obligaciones de notificación rápida de los eventos de fuerza mayor.
  - *Suspensión y Rescisión*: Determine los derechos y obligaciones de las partes durante la suspensión de las obligaciones y las condiciones de rescisión en caso de fuerza mayor prolongada.

*Cláusulas de Resolución de Conflictos*
- **Objetivo**: Prever mecanismos efectivos para resolver los conflictos de manera equitativa y eficiente.
- **Estrategia**:
  - *Mediación y Arbitraje*: Favorezca modos alternativos de resolución de conflictos antes de recurrir a la vía judicial.
  - *Lugar y Jurisdicción*: Determine de común acuerdo el lugar y la jurisdicción competente en caso de litigio.
  - *Duración y Costos*: Prevea plazos para la resolución de conflictos y una distribución equitativa de los costos asociados.

*Cláusulas de Renovación Automática*
- **Objetivo**: Gestionar las renovaciones del contrato de manera previsible y consensuada.
- **Estrategia**:
  - *Condiciones de Renovación*: Especifique las condiciones y notificaciones necesarias para la renovación automática del contrato.
  - *Períodos de Auditoría*: Prevea períodos de evaluación antes de las fechas de renovación para permitir un ajuste de los términos según las necesidades.

Al negociar estas cláusulas sensibles con un enfoque estratégico y pragmático, puede asegurar una relación contractual más estable y equilibrada. Una preparación minuciosa, una comunicación clara y concesiones equitativas son esenciales para alcanzar acuerdos duraderos y satisfactorios para todas las partes.

## 5.5 El arte del compromiso

El compromiso es un componente central de cualquier negociación exitosa. El arte del compromiso consiste en encontrar soluciones que, aunque no sean ideales para una parte, sean aceptables para todas las partes involucradas y contribuyan a la creación de un acuerdo equilibrado. A continuación, se explica cómo dominar el arte del compromiso en las negociaciones de contratos comerciales:

**Comprensión de Prioridades**

*Identificación de Prioridades*

- **Objetivo**: Identificar las prioridades absolutas y secundarias de cada parte.
- **Acción**: Clasifique sus objetivos según su importancia y anime a la otra parte a hacer lo mismo. Por ejemplo, la calidad del producto puede ser una prioridad absoluta para el comprador, mientras que el precio puede ser secundario.

*Puntos No Negociables*

- **Objetivo**: Determinar los elementos no negociables para cada parte.
- **Acción**: Aclare desde el principio de la negociación los puntos sobre los cuales no puede transigir, y solicite a la otra parte que haga lo mismo.

**Equilibrio entre Concesiones y Ganancias**

*Análisis de Concesiones*

- **Objetivo**: Evaluar el impacto de las concesiones en la satisfacción global de las partes.
- **Acción**: Por cada concesión realizada, asegúrese de que aporte una ganancia proporcional. Por ejemplo, aceptar un plazo de entrega un poco más largo a cambio de un precio reducido.

*Principio de Reciprocidad*

- **Objetivo**: Asegurar la equidad en las concesiones realizadas.
- **Acción**: Por cada concesión concedida, solicite una contrapartida que equilibre el valor de la concesión inicial. Esto mantiene la equidad y muestra su disposición a cooperar mientras protege sus intereses.

**Técnicas de Compromiso**

*Opciones Múltiples*

- **Objetivo**: Ofrecer varias opciones para facilitar el compromiso.
- **Acción**: Proponga dos o tres alternativas viables en relación con un punto de negociación. Por ejemplo, ofrecer un descuento de precio por un mayor volumen de compra o extender la garantía a cambio de un acuerdo más prolongado.

*Negociación por Etapas*

- **Objetivo**: Facilitar los compromisos procediendo por etapas.
- **Acción**: Divida las negociaciones en etapas o fases, comenzando por los puntos más fáciles de resolver para establecer un clima de confianza, y luego abordando los temas más complejos.

*Margen de Maniobra*

- **Objetivo**: Mantener márgenes de maniobra para facilitar los intercambios.
- **Acción**: Identifique los márgenes de maniobra posibles en sus posiciones sin sacrificar sus prioridades esenciales, y utilice esos márgenes para negociar.

**Gestión de Emociones y Percepción**

*Emoción y Objetividad*

- **Objetivo**: Mantener un enfoque emocionalmente neutral y objetivo.
- **Acción**: Mantenga la calma y sea objetivo, incluso cuando la otra parte exprese fuertes emociones. Utilice técnicas de manejo del estrés para mantenerse enfocado en los intereses comunes.

*Percepción de las Concesiones*

- **Objetivo**: Valorar correctamente las concesiones realizadas.
- **Acción**: Presente cada concesión como una contribución constructiva a la solución general, y no como una debilidad. Destaque los beneficios a largo plazo de los compromisos aceptados.

**Creatividad en las Soluciones**

*Innovación y Originalidad*

- **Objetivo**: Encontrar soluciones creativas que respondan a las necesidades de ambas partes.
- **Acción**: Piense fuera de lo convencional para encontrar arreglos innovadores. Por ejemplo, integrar cláusulas de revisión periódica para ajustar los términos según las evoluciones del mercado.

*Enfoques Flexibles*

- **Objetivo**: Mantenerse abierto a ajustes y alternativas.
- **Acción**: Adopte un enfoque flexible en la resolución de conflictos explorando arreglos temporales o soluciones híbridas.

**Fortalecimiento de Relaciones**

*Confianza y Respeto Mutuos*

- **Objetivo**: Construir y mantener una relación de confianza y respeto.
- **Acción**: Sea transparente en sus comunicaciones,

respete los compromisos asumidos y sea receptivo a las necesidades de la otra parte. La confianza mutua facilita los compromisos.

*Compromiso a Largo Plazo*

- **Objetivo**: Ver más allá del acuerdo inmediato para considerar los beneficios futuros.
- **Acción**: Considere los compromisos como inversiones en una relación a largo plazo. Por ejemplo, aceptar términos ligeramente menos favorables a corto plazo para fortalecer la colaboración en proyectos futuros.

Al adoptar estas estrategias y técnicas para sobresalir en el arte del compromiso, podrá navegar con éxito en negociaciones complejas y alcanzar acuerdos equilibrados. La capacidad de hacer concesiones reflexivas mientras protege sus intereses clave es esencial para construir asociaciones comerciales duraderas y fructíferas.

## 5.6 Simulaciones de negociación

Las simulaciones de negociación son herramientas valiosas para desarrollar y perfeccionar las habilidades de negociación. Permiten recrear escenarios reales en un entorno controlado, ofreciendo así una oportunidad de aprendizaje práctico. A continuación, se explica cómo estructurar y utilizar eficazmente las simulaciones de negociación para mejorar sus habilidades.

**Preparación de la Simulación**

*Elección del Escenario*

- **Objetivo**: Seleccionar escenarios realistas y pertinentes para los participantes.
- **Acción**: Elija situaciones de negociación comunes en su campo, tales como la negociación de contratos de prestación de servicios, de distribución o de asociación.

*Asignación de Roles*

- **Objetivo**: Asignar roles específicos a los participantes para reflejar una situación real.
- **Acción**: Asigne a cada participante un rol específico, por ejemplo, el de un proveedor, un cliente, un intermediario o un abogado. Proporcióneles descripciones detalladas de los roles y los objetivos de cada parte.

*Definición de Objetivos*

- **Objetivo**: Establecer objetivos claros para cada parte involucrada.
- **Acción**: Defina objetivos explícitos para cada rol, así como puntos no negociables y objetivos secundarios. Por ejemplo, un proveedor podría querer una cláusula de pago rápido, mientras que un cliente podría insistir en plazos de entrega estrictos.

**Desarrollo de la Simulación**

*Fase de Apertura*

- **Objetivo**: Iniciar la discusión y establecer un marco de negociación.
- **Acción**: Comience con presentaciones formales e invite a cada parte a presentar sus objetivos y expectativas iniciales. Establezca reglas de negociación, tales como la escucha activa y el respeto mutuo.

*Fase de Discusión*

- **Objetivo**: Explorar las posiciones de cada parte e identificar los puntos de convergencia y divergencia.
- **Acción**: Anime a los participantes a intercambiar propuestas, hacer preguntas y reformular los puntos para asegurar una comprensión mutua. Fomente el uso de las técnicas de negociación vistas anteriormente, tales como el anclaje y el cuestionamiento estratégico.

*Fase de Negociación*

- **Objetivo**: Intercambiar ofertas y contraofertas para llegar a compromisos.
- **Acción**: Involucre a los participantes en el intercambio de concesiones y contrapartidas. Dedique tiempo a las cláusulas sensibles, utilizando técnicas como la partición y las opciones múltiples para encontrar soluciones aceptables para todas las partes.

*Fase de Finalización*

- **Objetivo**: Concluir la negociación con un acuerdo formal.
- **Acción**: Redacte un resumen del acuerdo alcanzado, incluyendo los términos negociados y los compromisos asumidos por cada parte. Asegúrese de que todas las partes firmen este resumen para confirmar su acuerdo.

## Debriefing y Análisis

*Reflexión y Retroalimentación*

- **Objetivo**: Alentar a los participantes a reflexionar sobre

su desempeño y los resultados de la simulación.
- **Acción**: Organice una sesión de debriefing en la que cada participante pueda compartir sus impresiones y aprendizajes. Haga preguntas como "¿Qué le resultó más difícil?" y "¿Qué aspectos de su enfoque funcionaron bien?".

*Análisis de Estrategias*
- **Objetivo**: Analizar las estrategias utilizadas y su eficacia.
- **Acción**: Realice un balance de las estrategias de negociación desplegadas y discuta su eficacia. Identifique las técnicas que condujeron a resultados positivos y aquellas que encontraron obstáculos.

*Recomendaciones para la Mejora*
- **Objetivo**: Proporcionar consejos prácticos para mejorar las habilidades de negociación.
- **Acción**: Ofrezca sugerencias constructivas para cada participante, como técnicas alternativas a probar o aspectos específicos a trabajar, tales como la gestión del estrés o la mejora de la comunicación clara.

**Integración en Programas de Formación**

*Módulos Pedagógicos*
- **Objetivo**: Integrar las simulaciones de negociación en los programas de formación continua.
- **Acción**: Cree módulos específicos dedicados a las simulaciones de negociación, con ejercicios adaptados a los niveles de competencia de los participantes. Utilice escenarios variados para cubrir diferentes facetas de la negociación contractual.

*Repetición y Perfeccionamiento*
- **Objetivo**: Permitir una práctica regular y una mejora continua.

- **Acción**: Organice sesiones de simulación regulares para permitir a los participantes practicar y perfeccionar sus habilidades. Evalúe los progresos y ajuste los escenarios para abordar nuevos desafíos y complejidades.

Al integrar simulaciones de negociación en su proceso de formación, puede mejorar significativamente las habilidades de los participantes, permitiéndoles participar en negociaciones reales con más confianza y eficacia. Las simulaciones ofrecen un entorno de aprendizaje dinámico e interactivo que contribuye a desarrollar las capacidades analíticas, estratégicas e interpersonales esenciales para tener éxito en las negociaciones comerciales.

# CAPÍTULO 6: LA FORMALIZACIÓN Y EL SEGUIMIENTO DE LOS CONTRATOS

Una vez negociado y firmado el contrato, es crucial saber cómo manejar los litigios que puedan surgir. La gestión proactiva de los conflictos permite minimizar las interrupciones y mantener relaciones comerciales saludables. En el próximo capítulo, abordaremos los diferentes enfoques para la resolución de litigios y la gestión de disputas contractuales.

## 6.1 Formalización de un contrato revisado

La formalización de un contrato revisado es un paso crucial que oficializa el acuerdo entre las partes. Garantiza que todas las modificaciones realizadas estén correctamente integradas y que el documento final sea jurídicamente vinculante. A continuación, se explica cómo proceder a la formalización de un contrato revisado de manera eficaz y rigurosa:

**Integración de las Modificaciones**

- **Consolidación de los Cambios**
  - **Objetivo**: Integrar todas las modificaciones realizadas durante las negociaciones en un solo documento.
  - **Acción**: Combine todas las revisiones validadas en una versión final del contrato. Asegúrese de que las modificaciones estén correctamente integradas y claramente visibles, utilizando herramientas de seguimiento de cambios en los programas de procesamiento de texto.

- **Verificación de las Referencias Internas**
  - **Objetivo**: Garantizar la coherencia y exactitud de las referencias internas (secciones, artículos, anexos).
  - **Acción**: Revise todas las referencias internas para asegurarse de que apunten a las secciones correctas. Corrija cualquier incoherencia identificada.

**Revisión Final**

- **Lectura Completa**
  - **Objetivo**: Realizar una lectura final para verificar la claridad y precisión de cada cláusula.
  - **Acción**: Lea el contrato en su totalidad para asegurarse de que todas las cláusulas sean claras, bien redactadas y fácilmente comprensibles por todas las partes

involucradas.
- **Doble Control de Detalles**
    - **Objetivo**: Asegurarse de que todos los detalles esenciales (nombres, fechas, montos, etc.) sean correctos.
    - **Acción**: Examine minuciosamente los nombres de las partes, las fechas, los montos financieros y todos los demás datos sensibles para confirmar su exactitud.

**Certificación Jurídica**
- **Consulta de Asesores Jurídicos**
    - **Objetivo**: Obtener una validación legal del contrato revisado.
    - **Acción**: Haga examinar el contrato por asesores jurídicos para verificar su conformidad con las leyes y regulaciones aplicables. Integre las recomendaciones legales en la versión final.
- **Verificación de Conformidad**
    - **Objetivo**: Asegurar la conformidad con las leyes sectoriales y regulaciones locales.
    - **Acción**: Realice un control de conformidad para asegurarse de que el contrato cumpla con todas las exigencias legales específicas de su sector y jurisdicción.

**Firma y Ejecución**
- **Preparación de las Copias Firmadas**
    - **Objetivo**: Preparar las copias finales del contrato para la firma de todas las partes.
    - **Acción**: Imprima varias copias del contrato o utilice un servicio de firma electrónica reconocido para preparar el documento digital para las firmas.
- **Obtención de Firmas**
    - **Objetivo**: Obtener las firmas oficiales de todas las partes involucradas.
    - **Acción**: Organice una reunión de firma o

utilice herramientas de firma electrónica para recopilar las firmas en todas las copias del contrato. Asegúrese de que todas las partes firmen las páginas necesarias y validen las modificaciones importantes si es requerido.

## Archivado y Distribución

- **Archivado Físico y Digital**
  - **Objetivo**: Conservar el contrato firmado en archivos seguros.
  - **Acción**: Archive las copias firmadas del contrato en un espacio de almacenamiento físico seguro y escanéelas para conservarlas digitalmente en un sistema de gestión de documentos electrónicos protegido.

- **Distribución de Copias**
  - **Objetivo**: Distribuir copias del contrato firmado a todas las partes interesadas.
  - **Acción**: Transmita una copia firmada del contrato a cada parte interesada principal y asegúrese de que acusen recibo.

## Documentación de las Interacciones

- **Registro de Modificaciones**
  - **Objetivo**: Mantener un historial detallado de todas las modificaciones realizadas.
  - **Acción**: Conserve un registro de todas las revisiones y modificaciones realizadas, incluidas las fechas de modificación, las justificaciones y las aprobaciones recibidas.

- **Trazabilidad**
  - **Objetivo**: Asegurar la trazabilidad de las interacciones y decisiones.
  - **Acción**: Documente todas las interacciones clave y las decisiones tomadas durante el proceso de formalización. Utilice informes y memorandos de reunión para capturar esta información.

Al aplicar estos principios, puede asegurarse de que el contrato revisado esté correctamente formalizado, cumpla con los requisitos legales y esté listo para ser ejecutado.

## 6.2 Lenguaje claro y preciso

Redactar un contrato con un lenguaje claro y preciso es crucial para evitar malentendidos y garantizar que todas las partes comprendan plenamente los términos y condiciones del acuerdo. Una comunicación clara facilita la ejecución del contrato y reduce los riesgos de litigio. A continuación, se detallan las claves para escribir cláusulas contractuales de manera eficaz e inteligible:

**Uso de Términos Definidos**

- **Definir los Términos Técnicos**
  - **Objetivo**: Asegurar que los términos técnicos o jerga específica sean comprendidos por todas las partes.
  - **Acción**: Incluya una sección de definiciones al comienzo del contrato donde todos los términos técnicos estén claramente definidos. Por ejemplo, «'Servicio' designa cualquier actividad proporcionada por el Prestador tal como se define en el Anexo A».

- **Claridad en las Referencias**
  - **Objetivo**: Evitar ambigüedades utilizando términos definidos de manera coherente.
  - **Acción**: Refiérase a los términos definidos de manera coherente en todo el contrato. Use el mismo término exacto para la misma cosa sin variaciones de expresión.

**Sintaxis y Estructura**

- **Frases Cortas y Simples**
  - **Objetivo**: Facilitar la comprensión utilizando frases cortas y una estructura simple.
  - **Acción**: Limite la longitud de las frases y utilice una estructura sujeto-verbo-complemento. Por ejemplo, en lugar de «El Comprador, al recibir los bienes entregados por el Vendedor, debe verificar inmediatamente la conformidad de dichos bienes...», prefiera «El Comprador

debe verificar la conformidad de los bienes inmediatamente después de su recepción».

- **Evitación de Negaciones Múltiples**
  - **Objetivo**: Evitar confusiones debidas a negaciones múltiples.
  - **Acción**: Utilice afirmaciones positivas. Por ejemplo, reemplace «Los productos no podrán ser devueltos salvo si la no conformidad no es impugnada» por «Los productos pueden ser devueltos únicamente si la no conformidad es confirmada».

## Precisión en las Cláusulas

- **Detalle de las Obligaciones**
  - **Objetivo**: Hacer que las obligaciones de cada parte sean exhaustivas y específicas.
  - **Acción**: Describa con precisión las acciones esperadas de cada parte, incluidos los plazos y los criterios de cumplimiento. Por ejemplo, «El Prestador debe entregar los servicios descritos en el Anexo B en un plazo de 30 días después de la firma del contrato».

- **Evitar Ambigüedades**
  - **Objetivo**: Prevenir interpretaciones múltiples de las cláusulas.
  - **Acción**: Evite términos vagos como «razonable», «suficiente» o «necesario» sin definirlos. Por ejemplo, reemplace «en un plazo razonable» por «en un plazo de 15 días calendario».

## Coherencia y Repeticiones

- **Coherencia Terminológica**
  - **Objetivo**: Utilizar los mismos términos a lo largo del documento para la misma noción.
  - **Acción**: Una vez elegido un término, utilícelo uniformemente sin sinónimos. Por ejemplo, si utiliza «Contrato» para designar el acuerdo, no lo reemplace por «Acuerdo» en otra parte del

documento.

- **Uso Moderado de las Repeticiones**
  - **Objetivo**: Evitar repeticiones innecesarias que puedan sobrecargar el texto.
  - **Acción**: Agrupe la información similar para evitar repetir las mismas cláusulas en diferentes secciones. Utilice referencias internas con moderación para dirigir al lector hacia las cláusulas adicionales sin redundancia.

**Lenguaje Jurídico Adaptado**

- **Evitar la Jerga Abusiva**
  - **Objetivo**: Utilizar lenguaje jurídico solo cuando sea necesario y hacerlo comprensible.
  - **Acción**: Reemplace la jerga compleja por términos simples cuando sea posible. Por ejemplo, en lugar de «en lo sucesivo denominado», utilice «llamado en adelante».

- **Marcador legal explícito**
  - **Objetivo**: Asegurar la delimitación clara de las obligaciones legales.
  - **Acción**: Utilice marcadores legales explícitos para indicar las obligaciones y restricciones legales, por ejemplo: «De conformidad con el Artículo 123 del Código Civil».

**Verificaciones y Revisiones**

- **Relectura y Edición**
  - **Objetivo**: Asegurar la claridad y exactitud del lenguaje empleado.
  - **Acción**: Revise varias veces el contrato, idealmente por diferentes personas, para verificar su interpretabilidad. Utilice herramientas de verificación gramatical y lingüística para identificar errores y ambigüedades.

- **Prueba de Comprensión**
  - **Objetivo**: Verificar la comprensión por parte de

una persona externa a las negociaciones.

- **Acción**: Haga que una persona que no participó en la redacción lea el contrato para confirmar que el lenguaje es claro y comprensible. Tome nota de sus preguntas y ajuste el lenguaje en consecuencia.

Al aplicar estos principios de redacción clara y precisa, puede crear contratos que sean fácilmente comprendidos por todas las partes interesadas, reduciendo así los riesgos de malentendidos y litigios. Un lenguaje simple pero jurídicamente relevante contribuye a la transparencia y viabilidad de los acuerdos contractuales.

## 6.3 Validación legal y aprobación

La validación legal y la aprobación son pasos esenciales para garantizar que el contrato revisado sea jurídicamente vinculante y cumpla con las leyes y regulaciones aplicables. Esta fase permite asegurar el acuerdo y prevenir futuros litigios. A continuación, se presentan los pasos principales para validar legalmente y obtener la aprobación de un contrato revisado:

**Consulta de Asesores Jurídicos**
- **Revisión Jurídica Interna**
  - **Objetivo**: Realizar una primera verificación jurídica dentro de la empresa.
  - **Acción**: Someta el contrato revisado al equipo jurídico interno, si lo hay, para una primera revisión. El equipo debe verificar la conformidad con las políticas internas y las normas legales básicas.
- **Análisis por Expertos Externos**
  - **Objetivo**: Obtener una validación independiente y especializada.
  - **Acción**: Contrate a un asesor jurídico externo o a un bufete de abogados especializado en derecho comercial para realizar un análisis exhaustivo. El experto debe verificar la legalidad de cada cláusula, especialmente en lo que respecta a la conformidad regulatoria y sectorial.

**Verificación de la Conformidad Regulatoria**
- **Conformidad con las Leyes Locales e Internacionales**
  - **Objetivo**: Asegurar que el contrato cumpla con todas las leyes aplicables.
  - **Acción**: Revise el contrato para verificar su conformidad con las leyes locales de la jurisdicción donde se ejecutará, así como con cualquier legislación internacional pertinente.
- **Protección de Datos y Confidencialidad**
  - **Objetivo**: Garantizar el cumplimiento de las

regulaciones en materia de protección de datos.
- **Acción**: Verifique que las cláusulas de protección de datos y confidencialidad cumplan con regulaciones como el RGPD para entidades que operan en Europa. Asegúrese de que las disposiciones sean adecuadas para proteger los datos sensibles.

**Conformidad con las Normas Industriales**

- **Normas Específicas del Sector**
  - **Objetivo**: Alinearse con las prácticas y requisitos específicos de su sector de actividad.
  - **Acción**: Integre las recomendaciones de asociaciones profesionales u organismos reguladores del sector. Por ejemplo, para los contratos en el sector de la construcción, cumpla con las normas de seguridad y las obligaciones de seguro específicas.
- **Cláusulas Estandarizadas**
  - **Objetivo**: Utilizar cláusulas estandarizadas para cuestiones comunes.
  - **Acción**: Utilice cláusulas tipo reconocidas en su industria para los aspectos comunes del contrato, como las cláusulas de responsabilidad o de rescisión, para garantizar una mayor conformidad con las prácticas de la industria.

**Proceso de Aprobación**

- **Revisión por las Partes Interesadas**
  - **Objetivo**: Obtener la aprobación y las opiniones de las partes interesadas internas.
  - **Acción**: Comparta el contrato revisado con las diferentes partes interesadas de su organización (finanzas, operaciones, gestión de riesgos) para obtener una retroalimentación completa. Recopile e integre los comentarios pertinentes.
- **Recopilación de Aprobaciones Formales**
  - **Objetivo**: Obtener la aprobación oficial de todas las partes.

- **Acción**: Prepare un documento de aprobación formal para que lo firme cada parte interesada, confirmando su acuerdo con el contenido y los términos del contrato. Este paso puede implicar reuniones de validación con los responsables clave de la toma de decisiones.

## Documentación y Archivado

- **Registro de Aprobaciones**
  - **Objetivo**: Documentar todas las aprobaciones obtenidas para futuras referencias.
  - **Acción**: Registre por escrito todas las validaciones y aprobaciones obtenidas, incluidos los intercambios de correos electrónicos y las actas de reuniones.

- **Archivado Jurídico**
  - **Objetivo**: Conservar una copia de todos los documentos de validación y aprobación.
  - **Acción**. Archive todos los documentos relacionados con la validación legal y las aprobaciones en un lugar seguro y fácilmente accesible. Asegúrese de que estos documentos estén protegidos contra pérdidas y sean accesibles en caso de necesidad.

## Sistema de Gestión Contractual

- **Implementación de un Sistema de Gestión de Contratos**
  - **Objetivo**: Gestionar eficazmente los contratos firmados y sus aprobaciones.
  - **Acción**: Utilice un software de gestión de contratos para hacer un seguimiento de la aprobación, la ejecución y la conformidad continua de los contratos. Este sistema debe incluir alertas para plazos importantes y renovaciones.

- **Formación y Sensibilización**
  - **Objetivo**: Formar al personal sobre la importancia de la validación legal y la

aprobación.
- **Acción**: Organice sesiones de formación regulares para sensibilizar al personal sobre las etapas críticas de la validación legal y la importancia de obtener las aprobaciones necesarias para garantizar una total conformidad.

Al seguir estos rigurosos pasos para validar legalmente y aprobar un contrato revisado, puede garantizar que el acuerdo sea jurídicamente sólido, equilibrado y conforme con los requisitos reglamentarios. Esto contribuye a una ejecución fluida y protege los intereses de todas las partes involucradas.

## 6.4 Seguimiento y actualización de contratos

El seguimiento y la actualización de los contratos son procesos esenciales para garantizar que los acuerdos se mantengan pertinentes, conformes y ventajosos a largo plazo. Una gestión proactiva de los contratos permite detectar y rectificar posibles deficiencias antes de que generen consecuencias negativas. A continuación, se explica cómo implementar un seguimiento eficaz y prácticas de actualización regular de los contratos:

**Implementación de un Sistema de Seguimiento**

- **Sistema de Gestión Contractual (CMS)**
  - **Objetivo**: Centralizar y automatizar el seguimiento de los contratos.
  - **Acción**: Implemente un software de gestión de contratos (CMS) que permita almacenar, organizar y seguir todos los contratos en un solo lugar. Las funciones clave incluyen alertas de fechas límite, recordatorios de renovación y seguimiento de la conformidad.
- **Base de Datos Centralizada**
  - **Objetivo**: Facilitar el acceso y la gestión de los contratos.
  - **Acción**: Cree una base de datos centralizada o un repositorio para almacenar todas las copias electrónicas y físicas de los contratos. Asegúrese de que esta base de datos esté segura y sea accesible solo para personas autorizadas.

**Supervisión Continua**

- **Calendario de Fechas Límite**
  - **Objetivo**: No pasar por alto fechas clave para la revisión, renovación o rescisión de los contratos.
  - **Acción**: Mantenga un calendario de fechas límite con alertas automáticas para fechas

importantes como renovaciones, auditorías de rendimiento y revisiones anuales.

- **Seguimiento del Desempeño**
  - **Objetivo**: Evaluar la conformidad y efectividad del contrato en ejecución.
  - **Acción**: Implemente indicadores clave de rendimiento (KPI) para seguir las obligaciones contractuales y evaluar el desempeño de las partes. Por ejemplo, siga las fechas de entrega, la calidad de los productos/servicios y los plazos de pago.

## Actualización de los Contratos

- **Auditorías Periódicas**
  - **Objetivo**: Verificar la conformidad y efectividad de los contratos a intervalos regulares.
  - **Acción**: Programe auditorías periódicas para examinar cada contrato en ejecución. Identifique cláusulas obsoletas, ambigüedades y necesidades de revisión. Documente los hallazgos y las acciones correctivas necesarias.

- **Revisiones Anuales**
  - **Objetivo**: Asegurarse de que el contrato siga alineado con los objetivos de la organización y las evoluciones regulatorias.
  - **Acción**: Realice una revisión anual de los contratos para verificar su pertinencia actual. Considere las modificaciones de leyes, cambios industriales y transformaciones internas de la empresa que puedan afectar el contrato.

## Proceso de Modificación

- **Procedimientos de Modificación**
  - **Objetivo**: Facilitar las modificaciones contractuales de manera estructurada y aprobada.
  - **Acción**: Establezca procedimientos claros para la modificación de contratos, incluyendo la documentación de los cambios propuestos, las

aprobaciones necesarias y la actualización de las versiones oficiales del contrato.

- **Documentación de Modificaciones**
  - **Objetivo**: Asegurar la trazabilidad y transparencia de las modificaciones realizadas.
  - **Acción**: Mantenga un registro de las modificaciones para cada contrato, indicando la naturaleza de los cambios, las razones y las partes responsables de la aprobación. Archive todas las versiones revisadas y los documentos de aprobación.

## Gestión de Riesgos y Conformidad

- **Seguimiento de la Conformidad Regulatoria**
  - **Objetivo**: Mantener la conformidad con las regulaciones en constante evolución.
  - **Acción**: Asegure una vigilancia regulatoria continua para identificar nuevas leyes y regulaciones que puedan afectar los contratos en curso. Modifique los contratos en consecuencia para mantenerse en conformidad.

- **Plan de Gestión de Riesgos**
  - **Objetivo**: Anticipar y gestionar los riesgos potenciales relacionados con los contratos.
  - **Acción**: Desarrolle un plan de gestión de riesgos específicos para los contratos, incluyendo la identificación de riesgos potenciales, la evaluación de su impacto y la implementación de estrategias de mitigación.

## Comunicación y Colaboración

- **Compartición de Información**
  - **Objetivo**: Facilitar una comunicación transparente entre todas las partes interesadas.
  - **Acción**: Establezca canales de comunicación claros y regulares para compartir información sobre el estado de los contratos, auditorías y revisiones. Utilice plataformas colaborativas para discusiones y actualizaciones en tiempo

real.
- **Formación Continua**
  - **Objetivo**: Formar a los miembros del equipo sobre las mejores prácticas de gestión de contratos.
  - **Acción**: Ofrezca sesiones de formación continua sobre la gestión de contratos, incluyendo el uso de software de gestión, la revisión legal y los procedimientos de actualización.

**Evaluación y Mejora**
- **Revisiones de Desempeño de los Contratos**
  - **Objetivo**: Evaluar la efectividad global de sus prácticas de gestión de contratos.
  - **Acción**: Realice evaluaciones periódicas del desempeño de los contratos para identificar los puntos fuertes y las áreas de mejora. Adapte sus procesos basándose en la retroalimentación y las lecciones aprendidas.
- **Retroalimentación de las Partes Interesadas**
  - **Objetivo**: Recopilar retroalimentación constructiva de las partes interesadas para mejorar los procesos.
  - **Acción**: Organice sesiones de retroalimentación con las partes interesadas internas y externas para discutir posibles mejoras. Integre estas sugerencias para refinar las prácticas de seguimiento y actualización de contratos.

Al seguir estos pasos metódicos para el seguimiento y actualización de contratos, puede asegurarse de que sus acuerdos se mantengan en línea con los objetivos de la organización y los requisitos legales. Una gestión proactiva y regular de los contratos contribuye a la estabilidad de las relaciones comerciales y a la minimización de los riesgos relacionados con la ejecución contractual.

## 6.5 Gestión de litigios y conflictos

La gestión de litigios y conflictos es una parte esencial de la gestión contractual. Los desacuerdos pueden surgir en cualquier momento de la vida de un contrato, por lo que es crucial disponer de estrategias y procedimientos para resolverlos de manera eficaz y equitativa. A continuación, se presentan las etapas clave y las mejores prácticas para gestionar los litigios y conflictos en el marco de los contratos comerciales:

**Identificación Temprana de Conflictos**

- **Supervisión Continua**
    - **Objetivo**: Detectar los signos precursores de conflictos de manera temprana.
    - **Acción**: Establezca mecanismos de supervisión, como indicadores de rendimiento e informes regulares, para identificar rápidamente las desviaciones respecto a los términos del contrato.
- **Comunicación Abierta**
    - **Objetivo**: Fomentar una comunicación proactiva entre las partes.
    - **Acción**: Establezca canales de comunicación claros y abiertos, donde las partes puedan plantear preocupaciones sin temor a represalias.

**Procedimientos de Resolución de Conflictos**

- **Cláusula de Resolución de Litigios**
    - **Objetivo**: Prever métodos específicos para la resolución de litigios en el contrato.
    - **Acción**: Integre cláusulas de resolución de litigios en el contrato, como cláusulas de mediación, arbitraje o resolución judicial, definiendo claramente los pasos a seguir en caso de desacuerdo.
- **Mediación**
    - **Objetivo**: Resolver los conflictos de manera

amistosa antes de emprender procedimientos más formales.
- **Acción**: Utilice la mediación como primer paso, permitiendo que una tercera parte neutral ayude a las partes a encontrar un acuerdo mutuamente aceptable.

- **Arbitraje**
  - **Objetivo**: Proporcionar una alternativa rápida y privada al litigio judicial.
  - **Acción**: Si la mediación falla, recurra al arbitraje de acuerdo con la cláusula de arbitraje prevista en el contrato. Involucre a un árbitro calificado para evaluar los argumentos de ambas partes y emitir una decisión vinculante.

**Documentación y Recopilación de Pruebas**

- **Conservación de Documentos**
  - **Objetivo**: Mantener una documentación adecuada para respaldar su posición en caso de litigio.
  - **Acción**: Conserve un archivo organizado de todos los documentos contractuales, correspondencias, informes de rendimiento y pruebas de conformidad o no conformidad.

- **Informes de Conflictos**
  - **Objetivo**: Documentar formalmente los conflictos y los intentos de resolución.
  - **Acción**: Prepare informes detallados sobre cada conflicto, incluyendo las fechas, las partes involucradas, los problemas planteados, las acciones emprendidas y los resultados obtenidos.

**Soluciones Proactivas**

- **Reuniones de Resolución de Conflictos**
  - **Objetivo**: Facilitar discusiones directas para encontrar soluciones.
  - **Acción**: Organice reuniones específicas para la

resolución de conflictos, reuniendo a todas las partes interesadas para discutir los problemas y explorar soluciones.

- **Acuerdos Temporales**
  - **Objetivo**: Implementar soluciones provisionales para mitigar las tensiones.
  - **Acción**: Desarrolle acuerdos temporales que permitan a las partes seguir trabajando juntas mientras se discuten las soluciones a largo plazo. Por ejemplo, ajustar temporalmente los plazos de entrega o las condiciones de pago.

### Mitigación de Riesgos

- **Auditorías Reactivas**
  - **Objetivo**: Identificar y corregir problemas antes de que se conviertan en conflictos.
  - **Acción**: Realice auditorías reactivas cuando se detecten problemas potenciales, para evaluar rápidamente la situación y tomar medidas correctivas.

- **Formación sobre Resolución de Conflictos**
  - **Objetivo**: Capacitar a los equipos para identificar y resolver conflictos de manera eficaz.
  - **Acción**: Ofrezca capacitaciones regulares a empleados y gerentes sobre técnicas de resolución de conflictos y estrategias de negociación.

### Seguimiento y Retroalimentación

- **Seguimiento Post-Resolución**
  - **Objetivo**: Asegurar la implementación y efectividad de las soluciones encontradas.
  - **Acción**: Después de la resolución de un conflicto, realice un seguimiento cercano de la implementación de las soluciones acordadas para verificar que sean efectivas y que los problemas no reaparezcan.

- **Evaluación de los Procesos**
  - **Objetivo**: Mejorar continuamente los procesos de gestión de conflictos.
  - **Acción**: Recopile retroalimentación de las partes involucradas después de la resolución de un conflicto para identificar puntos de mejora en los procesos de gestión de conflictos. Revise y ajuste los procedimientos en función de las lecciones aprendidas.

Una gestión proactiva y bien estructurada de litigios y conflictos es crucial para mantener relaciones comerciales saludables y eficaces. Al integrar cláusulas de resolución de litigios, fomentar la comunicación abierta y establecer procedimientos claros, puede minimizar los impactos negativos de los conflictos y asegurar la continuidad en la ejecución de los contratos. La prevención, la identificación rápida y la resolución eficaz de los conflictos son claves para garantizar la estabilidad y el éxito de las relaciones contractuales a largo plazo.

## 6.6 Modos de resolución de conflictos

Cuando surge un conflicto en la ejecución de un contrato comercial, es esencial recurrir a modos de resolución de conflictos eficaces y adecuados. Estos modos pueden variar en función de la naturaleza del conflicto, las preferencias de las partes y la jurisdicción aplicable. A continuación, se presenta una descripción de los principales modos de resolución de conflictos, con sus ventajas y consideraciones específicas:

**La Negociación**
- **Objetivo**: Encontrar una solución mutuamente aceptable por las partes mismas, sin intervención externa.
- **Método**:
  - **Discusión Directa**: Las partes se involucran en discusiones directas y abiertas para resolver el conflicto.
  - **Flexibilidad**: Las partes conservan un control total sobre el proceso y los resultados.
  - **Confidencialidad**: La negociación es generalmente privada y las discusiones permanecen confidenciales.
- **Ventajas**:
  - Rapidez y costo reducido.
  - Preservación de la relación de negocios.
  - Soluciones creativas adaptadas a las necesidades específicas de las partes.
- **Desventajas**:
  - Riesgo de estancamiento si las partes no pueden alcanzar un compromiso.
  - Ausencia de una tercera parte neutral que pueda conducir a un desequilibrio de poder.

**La Mediación**
- **Objetivo**: Facilitar la comunicación entre las partes con

la ayuda de un mediador neutral para llegar a una solución amistosa.
- **Método**:
    - **Intervención del Mediador**: Un mediador independiente ayuda a identificar los puntos de bloqueo, a fomentar el diálogo y a proponer soluciones.
    - **Procedimiento Voluntario**: La participación es voluntaria y las partes deben consentir en las soluciones propuestas.
- **Ventajas**:
    - Neutralidad e imparcialidad del mediador.
    - Proceso confidencial e informal.
    - Gran flexibilidad y potencial preservación de las relaciones comerciales.
- **Desventajas**:
    - Decisión no vinculante salvo acuerdo escrito de las partes.
    - Eficacia dependiente de la buena fe de las partes.

## El Arbitraje

- **Objetivo**: Obtener una decisión vinculante de parte de un árbitro o tribunal arbitral.
- **Método**:
    - **Tribunal Arbitral**: Las partes someten su conflicto a uno o varios árbitros que emiten una decisión final y vinculante llamada laudo arbitral.
    - **Procedimiento Formalizado**: Aunque más flexible que la justicia estatal, el arbitraje sigue un procedimiento formal definido por las partes o las reglas de la institución arbitral elegida.
- **Ventajas**:
    - Decisión rápida y generalmente menos costosa que la justicia ordinaria.
    - Confidencialidad del proceso.

- Especialización del árbitro en el ámbito del litigio.
- **Desventajas**:
  - Costo potencialmente alto de los honorarios de los árbitros.
  - Pocas posibilidades de recurso contra la decisión arbitral.

## La Conciliación

- **Objetivo**: Llegar a un acuerdo con la ayuda de un conciliador, a menudo integrado en el marco de una institución de resolución de conflictos.
- **Método**:
  - **Rol del Conciliador**: El conciliador desempeña un papel activo sugiriendo soluciones y ayudando a las partes a llegar a un acuerdo.
  - **Procedimiento Colaborativo**: Similar a la mediación pero con una participación más incisiva del conciliador.
- **Ventajas**:
  - Proceso rápido y a menudo informal.
  - Intervención de un tercero que puede proponer soluciones concretas y realistas.
  - Acuerdo de conciliación a menudo menos costoso que un juicio.
- **Desventajas**:
  - No vinculante salvo que se formalice un acuerdo.
  - Requiere la buena voluntad de las partes para ser eficaz.

## El Litigio

- **Objetivo**: Obtener una decisión judicial ante los tribunales estatales.
- **Método**:
  - **Procedimiento Legal**: Las partes llevan a cabo un juicio ante los tribunales, siguiendo un

procedimiento formal dictado por el Código de Procedimiento Civil o Penal.
- **Decisión Judicial**: El juez emite una decisión vinculante y ejecutoria.
- **Ventajas**:
  - Decisión vinculante y posibilidad de recurso.
  - Proceso público a menudo percibido como equitativo.
- **Desventajas**:
  - Larga duración y alto costo de los procedimientos judiciales.
  - Posibilidad de dañar las relaciones comerciales.
  - Falta de confidencialidad.

**Consideraciones para Elegir un Modo**
- **Naturaleza del Conflicto**
  - Los conflictos técnicos o específicos pueden beneficiarse de la experiencia del arbitraje, mientras que los conflictos relacionales suelen tratarse mejor mediante la mediación.
- **Costos y Duración**
  - Elija un modo teniendo en cuenta los recursos financieros disponibles y la necesidad de una resolución rápida o no.
- **Relación Futura**
  - Considere el impacto del modo de resolución en la relación futura entre las partes. La mediación y la conciliación tienden a preservar mejor las relaciones comerciales.
- **Conformidad Jurídica**
  - Asegúrese de que el modo de resolución elegido sea reconocido y aplicable en las jurisdicciones pertinentes.

Al integrar un procedimiento de gestión de conflictos bien definido en sus contratos, y al elegir el modo de resolución más apropiado para cada situación, puede reducir los riesgos de litigios prolongados y asegurar una ejecución más fluida de los acuerdos contractuales. La clave es mantenerse flexible, pragmático y asegurarse de que la elección del modo de resolución sirva mejor a los intereses de todas las partes involucradas.

# CONCLUSIÓN

Dominar el arte de corregir y revisar un contrato comercial es una habilidad inestimable en el mundo empresarial actual. Gracias a este libro, has explorado las estructuras fundamentales de los contratos comerciales, las técnicas para analizar y ajustar las cláusulas, y las estrategias para llevar a cabo negociaciones eficaces y alcanzar acuerdos equilibrados.

Una buena revisión contractual no se limita a identificar errores u omisiones, sino que también implica la creación de documentos claros, precisos y legalmente sólidos. Al combinar una comprensión profunda de los elementos legales con habilidades prácticas de negociación y gestión, ahora estás mejor preparado para proteger tus intereses y establecer relaciones comerciales duraderas.

Ya seas un profesional del derecho, un empresario o un gestor de contratos, la integración de estos conocimientos en tu práctica diaria te permitirá evitar las trampas comunes, fortalecer la cooperación con tus socios y asegurar tus compromisos contractuales. Al final, las habilidades adquiridas a través de este libro contribuirán al crecimiento y la estabilidad de tus actividades comerciales.

Al abordar cada contrato con diligencia, experiencia y una atención meticulosa a los detalles, puedes transformar cada acuerdo en una oportunidad exitosa y mutuamente beneficiosa, asegurando así el éxito continuo de tus empresas y colaboraciones.

www.ingramcontent.com/pod-product-compliance
Lightning Source LLC
Chambersburg PA
CBHW071933210526
**45479CB00002B/660**